「国学今用」系列

老子与我聊处世

姜正成 编著

郑州大学出版社

图书在版编目（CIP）数据

老子与我聊处世 / 姜正成 编著 . —郑州：郑州大学出版社，2016.8（2021.7重印）

（国学今用）

ISBN 978–7–5645–3080–8

Ⅰ . ①老… Ⅱ . ①姜… Ⅲ . ①老子 – 哲学思想 – 通俗读物 Ⅳ . ① B223.1–49

中国版本图书馆 CIP 数据核字（2016）第 125566 号

郑州大学出版社出版发行

郑州市大学路 40 号　　　　　　邮政编码：450052

出版人：张功员　　　　　　　　发行部电话：0371-66658405

全国新华书店经销

北京洲际印刷有限责任公司印制

开本：710 mm×1 000 mm　1/16

印张：15.25

字数：220 千字

版次：2016 年 8 月第 1 版　　印次：2021 年 7 月第 2 次印刷

书号：ISBN 978–7–5645–3080–8　定价：49.80元

本书如有印装质量问题，请向本社调换

前　言

两千多年前，老子将自己一生所悟写成了《道德经》，也叫《老子》，短短五千言，却蕴涵着博大精深的处世哲理。随着时间的流逝，老子以及老子智慧的光芒愈加耀眼，并且成为后世所推崇的处世经典之一。现在，我们不妨穿越到老子的生活时代，和智者老子进行面对面的对话、聊天，仔细聆听老子教给我们的处世智慧。

鲁迅曾经说："不读《道德经》一书，不知中国文化，不知人生真谛。"当我们和老子面对面地聊天的时候，得到的不仅仅是处世的技巧，更重要的是老子带给我们的智慧之光和心灵的升华。

在聊到人生境界时，老子告诉我们的是要顺应自然之道，从而到达"无我"之境。同时，还要领悟到淡泊、不与人争、无为而治等处世之道。

在聊到淡定处世时，老子告诉我们的是要学会控制自己的内心，不因得失荣辱或喜或悲，懂得知足常乐，收获内心的平静，从而让自己免受这些外在的影响和干扰，真正做到淡定自若。

在聊到和谐处世时，老子告诉我们，不管做什么事情都要把握好分寸。待人时，保持适当的距离，做到淡如水，免受伤害；对祸福，要找到它们的平衡之处；对自己，要讲究内在调节；对自然，则是顺应而为。一个人只有做到这些，才能在世间燕处超然，和谐自然。

在聊到圆融处世时，老子告诉我们，做人做事都要学会像水一样，无形也有形，善利万物，懂得改变，能屈能伸。在处世中做到这样，才能让自己左右逢源，八面玲珑。

在聊到低调处世时，老子告诉我们要谦虚谨慎，放低姿态，不露锋芒，内敛能容，让自己免受伤害，得以保全，最终成就自己的事业。

　　在聊到真诚处世时，老子告诉我们做人要厚道，真诚待人，务实务虚，展示真实的自己，而不要轻诺寡信，虚伪做作，这样才能赢得他人的信任，赢得好人缘。

　　在聊到智慧处世时，老子告诉我们，当处于高处时要懂得急流勇退，善于帮助人，学会包容，敢于吃亏，这样才能让自己的人生拥有更多的光芒和成功的机会。

　　本书采用平实简洁、深入浅出的语言，以聊天的语言形式和风格，从人生境界、淡定处世、和谐处世、圆融处世、低调处世、智慧处世、真诚处世七个方面来聊老子的智慧。同时，本书还借助古今中外的经典实例，对老子的处世智慧进行阐释。闲暇之余，我们不妨抽出时间静静品味老子的哲学，相信你一定从中汲取处世智慧的精髓，让自己的人生变得更深刻，更精彩！

目 录

第一章 老子跟我聊人生境界

人们常说，人生是一种修行，而对这种修行的最高境界，则是仁者见仁，智者见智。老子认为，人生处世的最高境界就是"无我"之境。要想达到这种"无我"境界，在修炼的过程中，就要学会顺其自然，淡泊宁静，不与人争，拥有一颗赤子之心，同时还要懂得无为的处世哲学。相信在老子智慧的启迪下，我们的人生境界也会随之提升。

第二章 老子跟我聊淡定处世

人生沉浮，世事艰难。一个人行走于世间，总难免会经历有关自身荣辱得失的事情。然而，不管是荣耀加身，还是身处不利，我们都需要有一个淡定的心态，不要让一时的利或不利影响了我们的情绪。同时，我们还要学会知足常乐，宠辱不惊，笑看得失，只有这样，才能让自己内心恬静轻松，并享受当下生活。

第三章　老子跟我聊和谐处世

和谐，是一个永恒的主题。对于个人而言，要想让自己的处世更和谐，就要寻找到一个平衡点，或者说是中庸。在这个过程中，应该把握好做人做事的分寸，与人交往中保持适当的距离，与大自然也要很好地相处。不仅如此，还要善于调节，让自己的内在也和谐起来。做到这些和谐便是你生活的主旋律。

第四章　老子跟我聊圆融处世

生活中，人人都希望自己在交际和处世当中能够做到左右逢源，游刃有余，然而，这做起来又谈何容易呢？老子告诉我们，在生活中要学会变通，懂得绕弯子，要像水一样活着。同时，在面对强者的时候，要能屈能伸，必需时能够适时地低头或者退一步。这样，我们在交际和处世中的道路和舞台就会越来越宽广。

第五章 老子跟我聊低调处世

　　高调做事，低调做人，是当今社会人们非常推崇的处世原则。的确，低调一些，谦虚一些，在人与人的交往中就会少很多的麻烦，而赢得更多的欣赏。处世中，我们不要犯自以为是的毛病，也不要锋芒毕露，更不要得意忘形，而是要学会谦逊内敛。做到这些，才算是真正领悟了低调处世的真谛。

第六章 老子跟我聊智慧处世

　　处世是一门艺术，也是一种智慧。一个人要想让自己在为人处世中获得人生的成功，就一定要学会这种智慧。处世的智慧，是一种品质的体现，比如说帮助别人，包容别人，不怕吃亏；处世的智慧也是对自我的一种挑战和认知，比如说认识自己，战胜自己，等等。同时，懂得急流勇退，韬光养晦，学会放弃，更是人生的大智慧，这些处世智慧都是值得我们去体悟的。

第七章　老子跟我聊真诚处世

　　诚实守信既是一种传统美德，也是一种处世原则。漫漫人生途中，一个真诚厚道的人，往往更能感受到生活中的真善美。要做到真诚处世，就要摒弃虚伪的面具，以厚德载物，以诚信立业，以真诚待人，务实务虚。这样，才能赢得他人的信任，赢得他人的帮助，从而赢得人生的成功。

第章

老子跟我聊人生境界

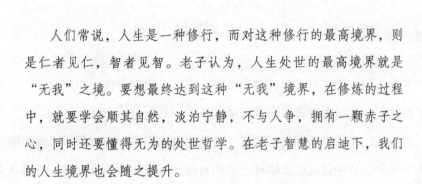

　　人们常说，人生是一种修行，而对这种修行的最高境界，则是仁者见仁，智者见智。老子认为，人生处世的最高境界就是"无我"之境。要想最终达到这种"无我"境界，在修炼的过程中，就要学会顺其自然，淡泊宁静，不与人争，拥有一颗赤子之心，同时还要懂得无为的处世哲学。在老子智慧的启迪下，我们的人生境界也会随之提升。

无我是人生的最高境界

【聊天实录】

我：夫子，在您看来，人生的最高境界是什么呢？

老子：针对这点，我在《道德经》第十三章中曾经说道：吾所以有大患者，为吾有身，及吾无身，吾有何患？

我：夫子，这句话应该怎样理解呢？

老子：简单地说就是，我们之所以会有忧患，是因为我们有自我的存在。如果忘掉自我，我们还有什么忧患的呢？这里的"无身"，也就是"无我"。人一旦达到"无我"的境界，就没有什么忧患了。

我：您的意思是说，人生的最高境界就是"无我"，对吗？

老子：很对，在我看来无我，就是人生的最高境界。

【人生境界解读】 ❧ **庄周梦蝶** ❧

老子认为，无我是人生的最高境界，那么，我们应该怎样理解呢？为了更好地了解这点，我们先来看道家典籍《庄子》一书中的一个故事：

有一天，庄子打柴回来，很累，就躺在自己的茅屋旁睡着了。恍惚中，庄子做了一个梦，梦见自己变成蝴蝶，欣然自得地飞舞着的一只蝴蝶，他感到多么愉快和惬意啊！竟然忘记了自己原本是庄周。突然间醒来，惊惶不定之间好像来到另一个世界。庄子很惊诧，掐了掐自己的大腿，方知原来是自己。

这是《庄子》里一个有名的故事，这个故事一般称为"庄周梦蝶"。在这个故事里，庄子不知是自己梦中变成了蝴蝶呢，还是蝴蝶梦见自己变成了庄子。

在一般人看来，一个人在醒时的所见所感是真实的，梦境是幻觉，是不真实的。醒是一种境界，梦是另一种境界，二者是不同的；庄子是庄子，蝴蝶是蝴蝶，二者也是不同的。但这不是庄子的感受。李白《古风》云："庄周梦蝴蝶，蝴蝶为庄周，一体更变易，万事良悠悠。"也就是说庄周与蝴蝶已经"物化"为一体了。庄子已经看不到自己，而是和自然合二为一了，这就是"无我"。

世上万物，尽管千变万化，都只是道的物化而已。庄周也好，蝴蝶也罢，本质上都只是虚无的道，是没有什么区别，这叫"齐物"。"齐物"和"物化"的本质就是"物"、"我"两忘，也就是"无我"。这种"物"、"我"两忘，其实是对老子"及吾无身，吾有何患"的继承和发展。

我们应该看到，老子的"无我"，不仅是指四肢肉体会"无我"，连精神也要"无我"。按照老子的"无我"哲学，我们还可以得出这样的结论：世间的其他动物或植物本身并不卑贱，人自身也并不高贵，大家都是平等无二，合二为一的。认识到这一点，才能达到"无我"的人生最高境界。

❧ 公而忘私的周恩来 ❧

周总理在青年时代对老子哲学也怀有相当的敬意。

1939 年，他在故乡绍兴与《战旗》杂志社的曹天风有一段耐人寻味的对话。曹天风说："道家思想对于革命、对于社会改造虽无用处，但对于个人修养却是有帮助的，能使自己过好'黄金关、权力关、美人关'。"这时周恩来反问说："道家最精彩的话是什么？"

曹天风一时回答不上来，周恩来说："'生而不有，为而不恃，长而不宰'，大概是道家最精彩的话了吧？"老子在这里阐述的本来是一种自然主义的宇宙观，但它却可以转化为一种崇高而智慧的人生观，周恩来正是这样做的。周恩来和很多有志之士一样，有儒家和墨家那种积极入世、励志勤苦的精神，对世界、对人类有抹不开的情缘，他像诸葛亮那样真正做到了"鞠躬尽瘁，死而后已"。但只要仔细寻味便可发现，周恩来又呈现出一种以出世之心做入世之事的特点，他对

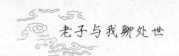

名利得失的超然和淡泊，使他格外地能够忍受劳苦乃至屈辱，从而最大限度地发挥了自己的光和热。

人们往往惊叹周恩来做事的专注和投入，却很少去思考在这种态度的背后还有何种精神底蕴，"生而不有，为而不恃，长而不宰"最能传达出周恩来人生哲学的神韵和境界。他在青年时代就乐于为公众"服役"，但这种"服役"绝没有什么功利色彩，而几乎是出自道德上的"绝对命令"。在成为马克思主义者后，"生而不有，为而不恃，长而不宰"与"全心全意为人民服务"的精神在周恩来的头脑中产生了共振效应，从而使他一步一步迈向人格的巅峰。在长期的工作中，周恩来勤恳奉献，任劳任怨，即使在自己受到不公正的待遇时也从未想过置身事外。他身居高位，但又不盛气凌人，提出"领导群众的方式和态度要使他们不感觉我们是在领导"。他追求管理上的"无我之境"，正是"生而不有，为而不恃，长而不宰"的重要体现，而且也与道家所言"功成事遂，百姓皆谓我自然"相贯通。

美国前总统尼克松发现，周恩来在谈到中国革命和建设的成就时，总是把聚光灯的焦点只对准毛泽东一人，他对任何宣传他个人的形式和内容都加以劝阻。江苏淮安县委多次提出，要以他的故居所在地办个纪念馆，他始终没有同意。周恩来对功劳缄口不言，但对错误却"公之于众"。他认为，"错误要逢人就讲，既可取得同志的监督和帮助，也可以给同志以借鉴"。

有一次，他在上海与文艺界人士座谈时，有人提议他把自己丰富多彩的一生写成一本书，他笑了笑说："如果我写书，就写我一生的错误，这可不是卢梭的《忏悔录》，而是让活着的人都能从过去的错误中吸取教训。"

毛泽东曾特意将《史记·汲黯郑庄列传》推荐给周恩来阅读。汲黯、郑庄为汉武帝时两位有名的宰辅，而且都遵从道家思想，习治黄老之术。也许是毛泽东赞佩汲黯、郑庄不谋私利，忠心为国的高尚品德，认为他们与周恩来的为人有某些内在的联系，所以才将他们的传记推荐给周恩来。后来，周恩来致信毛泽东："凌晨读史记汲黯、郑庄列传及太史公曰云云，深有所感，犹未能及。"

周恩来的人生充分体现了"不以有为有，因此才有有"的人生哲理和大无大有的辩证法。他一生公而忘私，又"终不留言，死不留灰"，属于那种事情做完，转身即走的人。他彻底回到了本真状态，进入到了"无我之境，心若止水"的境界。

道家认为，"无我"是人生的最高境界，这种"无我"不仅仅是精神上的，更是能够体现在行为当中。人生的烦恼，根源就是考虑自己太多了，心有所求，患得患失。无我亦无烦恼，忘我亦为安然，无我无畏、无私无忧才是人生最高境界。烦恼的时候，试着放下一些东西。人生在世，内心常想着为社会、为大众、为众生服务，心中的忧患自然就少了。

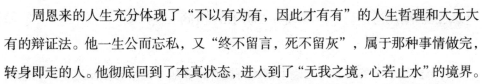

处世智慧

◇无我之境，心若止水。

◇不以有为有，因此才有有。

◇庄周梦蝴蝶，蝴蝶为庄周，一体更变易，万事良悠悠。

顺其自然，豁达看待人生

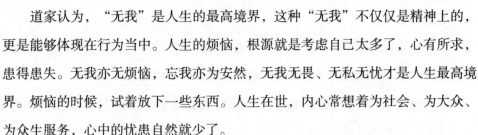

【聊天实录】

我：夫子，每个人对人生都有着自己的看法，您是怎样看待人生的呢？

老子：我在《道德经》第二十五章中曾经提到：人法地，地法天，天法道，道法自然。

我：夫子，这句话我已经牢记于心，但是，我们应该怎样理解呢？您能给我们解释一下吗？

老子：好的，你可以这样理解，人以地为法则，地以天为法则，天以道为法则，道则纯任自然，以它自己的样子为法则。

我：夫子，我可以理解为人生要顺其自然吗？

老子：可以，这样理解很恰当。

【人生境界解读】 ᕤᕫᕦ **胡子的烦恼** ᕤᕫᕦ

有个白胡子老爷爷，每天晚上都睡得挺香，邻居家的小男孩知道了，就想戏弄一下这个老人。

一天，邻居家的小男孩去问他："老爷爷，你的胡子这么长，请问您睡觉的时候，你的胡子是放在被子里面的还是放在被子外面的呢？"

老爷爷很惊讶，邻居家孩子的这个问题，自己从来没有想过，于是就说："孩子，这个问题我还没有注意咧！这样吧，今天晚上我睡觉的时候弄清楚，明天再告诉你吧！"孩子愉快地答应了。

晚上，白胡子老爷爷躺在床上，想起了邻居家孩子问他的问题。于是，他先把胡子放在被子里面，咦，怎么不大对劲？好吧，放在被子外边试试。哎，也不合适，还是放在被子里面吧……老人一会儿把自己的胡子放在被子里面，一会儿又把自己的胡子放在被子外面，折腾了整整一宿，没有睡好。

第二天天还没有亮，老人就敲开了邻居家的门叫醒了那个小男孩，问他为什么提这个问题。小男孩开心地笑了："爷爷呀，你想过没有，哪有人睡觉的时候还会注意自己的胡子是放在被子里面还是被子外面的呢？"

老人这才恍然大悟，原来自己被邻居家的小男孩给戏弄了。当然，在这里孩子戏弄老人固然是不对的，我们姑且不谈，单就孩子所提的"睡觉的时候，胡子放在被子里面还是被子外面"这个问题本身就有问题，就像最后小孩子说的那样："哪有人睡觉的时候还会注意自己的胡子是放在被子里面还是被子外面呢？"

生活中，像这样的现象很常见。其实，之所以会这样，就是因为我们常常在一件事开始的时候投入太多的注意力，思考、咀嚼得越多，情况往往就变得越糟。最显著的例子就是失眠，你越是想要睡着，越是睡不着。天快亮了，你放弃了睡着的企图，反而睡着了。有时，我们可能由于努力过分而无法取得成功。如果我们能够比较放松自在地处理问题，成功就会容易得多。当我们把注意力从那些使我们烦恼的问题上转移到事物本身或更有意义的事情上，不再为焦虑所困扰时，智慧和才能由于免除了不良情绪的骚扰而得以更好的发挥。生活本来不需要刻意，一个人刻意地去做事，肯定做不好，有时还会闹出许多笑话。

　　人生活在这个世界上，总会遇到一些事情，这些事情往往会给我们带来麻烦甚至是伤害，这个时候，在我们的心中，也要学会有这种顺其自然的心态。这样，不管什么样的处境，我们都能够做到随遇而安。

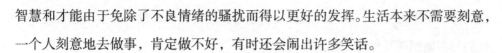

随遇而安的僧人

　　三伏天，寺院里的草地枯黄了一大片，很荒凉。

　　小和尚看不过去，对师父说："师父，快撒点草种吧！"

　　师父说："不着急，随时。"

　　种子拿来了，师父对小和尚说："去种吧。"不料，一阵风起，把草种吹走不少。

　　小和尚着急地对师父说："师父，好多种子都被吹飞了。"

　　师父说："没关系，吹走的净是空的，撒下去也发不了芽，随性。"

　　刚撒完种子，这时飞来几只小鸟，在土里一阵刨食，小和尚急着连轰带赶，然后向师父报告说："糟了，种子被鸟吃了。"

　　师父说："种子多着呢，吃不完，随遇。"

　　半夜，一阵狂风暴雨，小和尚来到师父房间带着哭腔对师父说："这下全完了，种子都被雨水冲走了。"

　　师父答："冲就冲吧，冲到哪儿就在哪儿发芽，随缘。"

　　几天过去了，昔日光秃秃的地上长出了许多新绿，连没有播种到的地方也有小苗探出了头，小和尚高兴地说："师父，快来看哪，绿芽都长出来了。"

　　师父却依然平静如昔地说："应该是这样吧，随喜。"

　　这个故事虽然很简单，但是，我们从师父的回答中看到，随时、随性、随遇、随缘八个简简单单的字，却将顺其自然非常精辟地阐释了出来。世界万物都是自

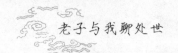

然而然，平平常常的。事物的发展运动也是自然而然的，没有必要去怨天尤人，我们只有做到顺其自然，才能够随遇而安。

大自然都有着自己的规律，社会也有自己的发展规律，在这个大的环境中，我们要想获得内心的宁静，就要做到顺其自然。达尔文在进化论中曾经说"适者生存"，"适者"是适什么呢？无疑是大自然。适应大自然的，就能够在大自然条件下生存下来，相反的，不适应大自然的，就会遭到淘汰。世上万事万物都有始有终，生是我们的开始，死是我们的结束。发落齿疏，生老病死，鸟吟花开，这些都是生命进程中的自然规律，是必然要发生的，而不是以人的意志为转移的。而作为人，要想在这个大的环境中，事事顺利，就要做到无论发生了什么，无论做任何事情，都要合乎自然，顺其原本。当然，这里说的顺其原本，超然人生，并非自恃清高，不食人间烟火。饮食男女，七情六欲，是人的自然属性，生物本能。要真正达到佛家的"四大皆空"、"六根清净"，那是要付出毕生代价，按照清规戒律苦苦修行，还未必能成正果。所谓"苦行僧"的"苦"字岂是佛门以外的凡夫俗子写得出的？既然不可能成为一个绝对的禁欲主义者，那就顺其自然，即顺人的自然天性，满足其基本需要。欲望不可强禁，强禁的结果只能使人性扭曲、变态、变形。这里所谓"顺其原本"，就是顺乎人性、人道，而不是刻意为之。只有这样，才能收到理想的效果，否则就会适得其反。

我们还要认识到顺其自然不是消极面世，而是遵从自然的发展规律。一个真正聪明的人，往往不会过分，而是安于自然常态，顺着自然规律去做，不会刻意去做。只有常守自然本性，才能外在态度安详，内在精神平静，这也就是老子顺其自然的奥妙所在。

处世智慧

◇适者生存。

◇顺其原本。

◇只有常守自然本性，才能外在态度安详，内在精神平静

淡泊宁静无奢望

【聊天实录】

我：夫子，面对现实中的很多压力，我们的内心往往会很慌乱，焦躁。这是为什么呢？您认为我们在面对这些的时候，应该怎样去做呢？

老子：我在《道德经》中曾说，轻则失根，躁则失君。

我：夫子，这句话怎样理解呢？您能说得更清楚一些吗？

老子：这句话理解起来并不难，就是说轻率会丧失根基，暴躁则会丧失主宰。

我：夫子，您的意思是说，面对人世中的压力等等，人要淡泊一些名利，这样就不会暴躁，获得宁静吗？

老子：你说得很对。其实，人们会感到焦躁，主要的原因就是不能淡泊名利，在名利面前往往会变得暴躁，急功近利。如果能够做到淡泊无奢望，那么，内心自然就会宁静下来。

【人生境界解读】 ❧ **范仲淹一生简朴** ❧

范仲淹在短暂的人生中，曾任过地方长官和边防将领，也曾受到过朝廷的重用任参知政事等职。无论在中央还是在地方，他都以天下为己任，以"先天下之忧而忧，后天下之乐而乐"的豪言壮语来鞭策自己，"出将则安边却敌，入相则尊主庇民"，时刻关心国家大事和百姓疾苦。

明道三年(1033年)，宋仁宗命范仲淹出任苏州知州。范仲淹到苏州后，正遇上苏州涨大水，农田被淹，无法耕种，他立即领导疏通五河，准备将太湖水引出灌注入海。但是，当他招募许多民夫开始动工还未完工时，又被调任到明州。苏州转运使得知情况后，便奏请宋仁宗，请求留下范仲淹来完成这一工程，得到了宋仁宗的同意。完工后不久，范仲淹就被召回朝廷，提升他为吏部员外郎、权知开封府。

康定元年 (1040 年)，西夏李元昊发兵入侵宋朝边境，朝廷任命范仲淹为天章阁待制，担任永兴军知军，又改任陕西都转运使，随后又被提升为龙图阁直学士，充任陕西经略安抚、招讨使夏竦的副手。当时，延州 (今陕西延安) 周围有许多寨子被西夏军攻破，范仲淹主动请求前往御敌，于是宋仁宗任命他为户部郎中兼延州知州。以前诏书上有分派边兵的规定：边境军队，总管统领一万人，钤辖统领五千人，都监统领三千人。范仲淹了解到这种情况后说："不选择将领，而以官职高低来决定出战先后，这是自取失败！"于是他大规模检阅延州军队，共得一万八千人；他将这一万八千人分为六部，每位将军各领三千人，分部进行教习训练。遇敌人来犯，则看敌方人数多少，派各部轮换出战抵御。经过整顿的军队战斗力大大提高，打了许多胜仗。范仲淹治军，号令明白，爱护士兵，常将朝廷赏赐给他的黄金分送给戍边守关的将领，而且对归顺的羌人推心置腹，诚意接纳，发展边境生产和贸易，因而博得边民对他的爱戴，称他为"龙图老子"。

范仲淹一生食无重肉，生活俭朴，淡泊名利，并且始终以治理国家的大事为自己终身的职责，忧天下之忧，所以深受当时百姓和后人的敬重。

其实，人活一辈子，我们内心往往不能获得平静，就是因为肩上背负得太多。人人希望成名，希望自己名满天下，这些负担压得人们喘不过气来，让人整天活得十分压抑，因此他们觉得快乐和恬淡离自己太远。然而，只要我们学会适当舍弃名与利，人活得就不会太累。

现实生活中，我们也看到，许多人害怕宁静，时时借热闹来躲避宁静，麻痹自己。滚滚红尘中，已经很少有人能够固守一方、独享一份宁静了，更多的人脚步匆匆，奔向人声鼎沸的地方，殊不知，热闹之后却更加寂寞。如果能在热闹中独饮那杯寂寞的清茶，也不失为人生的一种选择，但是，宁静并不是每个人都会享受的！与命运进行抗争的人，才有面对宁静的勇气；在昔日拥有辉煌的人，才有追求宁静的欲望；为了收获而不惜辛勤耕耘的人，才有资格和能力享受宁静。

居里夫人淡泊处世

居里夫人的声誉享誉世界，她与她的丈夫皮埃尔·居里都是放射性的早期研究者，他们发现了放射性元素钋和镭，并因此与法国物理学家亨利·贝克勒尔分享了 1903 年诺贝尔物理学奖。之后，居里夫人继续研究了镭在化学和医学上的应用，并且因分离出纯的金属镭而又荣获 1911 年的诺贝尔化学奖。成名之后不久，居里夫人的年薪已增至 4 万法郎，但她照样"吝啬"。每次从国外回来，她总要带回一些宴会上的菜单，因为这些菜单都是很厚很好的纸片，在背面写字很方便，难怪有人说居里夫人一直到死都"像一个匆忙的贫穷妇人"。

曾经有一位美国记者寻访居里夫人，他走到村子里一座渔家房舍门前，向赤足坐在门口石板上的一位妇女打听居里夫人的住处，当这位妇女抬起头时，记者大吃一惊，原来她竟然就是玛丽·居里。居里夫人可谓名利双收，但她既不看中名也不看中利。她一生获得各种奖金 10 次，各种奖章 16 枚，各种名誉头衔 117 个，但她却全不在意。有一天，她的一位朋友来她家做客，忽然看见她的小女儿正在玩英国皇家学会刚刚颁发给她的金质奖章，于是惊讶地说："居里夫人，得到一枚英国皇家学会的奖章，是极高的荣誉，你怎么能给孩子玩呢？"居里夫人笑了笑说："我是想让孩子从小就知道，荣誉就像玩具，只能玩玩而已，绝不能看得太重，否则就将一事无成。"居里夫人的这种淡泊处世、冷对人生的人生境界，是值得我们去学习和借鉴的。

现实生活中，有许多事让我们静不下心来走好自己的路。对金钱、地位的追逐，工作上的不如意，心理的不平衡，别人的闲言碎语，等等，无时无刻不在影响着我们的心情，左右着我们的行动。有些人在社会交往中为了博得他人的欢心，往往还不惜改变自己的立场和观点，甚至牺牲自己的人格。一个人如果处在这样的环境中，内心自然难以获得宁静。

《菜根谭》中曾说"居轩冕之中，不可无山林之气味，处林泉之下，须要怀廊庙之经纶"，意思就是身居要职享受高官厚禄的人，要有山林之中淡泊名利的思想；而隐居山林清泉的人，要胸怀治理国家的大志和才能。做到这些，心中自

第一章　老子跟我聊人生境界

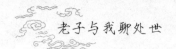

然就会少了很多的戾气，多一些宁静和自然。

智勇成败昨日梦，名利是非过眼云。人生在世，不去过分追逐名利，是一种对世事的淡然心理，也是人生宁静的一种境界。当然，我们应当明白，淡泊不是不思进取，不是无所作为，不是没有追求。我们应该以一颗纯美的灵魂对待生活与人生，以淡泊的心态对待生活中的繁华和诱惑，这样，我们自然就会收获宁静，并且人生的境界也将有所提升。

处世智慧

◇居轩冕之中，不可无山林之气味，处林泉之下，须要怀廊庙之经纶。

◇我是想让孩子从小就知道，荣誉就像玩具，只能玩玩而已，绝不能看得太重，否则就将一事无成。

◇智勇成败昨日梦，名利是非过眼云。

不争也是一种人生境界

【聊天实录】

我：夫子，生活中处处充满了竞争，还有很多的钩心斗角，处在这样的环境中，我们的内心往往都很疲惫。面对这样的情况，您认为我们应该怎样做呢？

老子：你说的这个问题很现实，也的确会让很多人感到烦躁。关于这些在《道德经》第八章中，我曾提到：夫唯不争，故无尤。这就是我的看法。

我：夫子，您说的这句话怎样理解呢？能解释一下吗？

老子：没问题。这句话的意思就是，由于不争功名，不求私利，所以从来都不会有过失。

我：夫子，您是说要求个人在处世过程中要具有谦退而不你争我夺的品格。即便是处在十分卑下的地方，也能始终如一地付出着，能够"心善渊"、"事善能"，充分实现自己的人生价值，而没有怨咎、遗憾、悔恨。到达这种境界，心中自然就会没有过失，我这样理解对吗？

老子：你理解得很对。在生活中，很多时候，面对激烈的竞争我们更需要一种不争的境界，要知道不争往往也是一种胜利。

【人生境界解读】 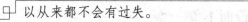 **"不争"座位的校长**

有一位学校的校长，为人很好也很谦虚。一次，他要去参加一个研讨会，由于开研讨会的地方道路不好走，只能做机动三轮车去，车主为了能多赚些钱，便又拉来了一个顾客。

那个顾客是一位妇女，看看三轮车上已经坐了一个人，便指明了要坐那个校长已经坐的那个位子，不愿坐后面。校长为人和善不愿与人争执，何况又是一位女士，便把位子让了出来，自己坐到了后面的一排。

谁知道机动三轮车没开出多远，就出了车祸，坐在校长原来那个位子的妇女当场就死了，而这位校长虽断了三根肋骨，但人活下来了。

尽管这只是一个故事，但在某种意义上，我们不能不说是这位校长的"不争"挽救了自己，使他逃过了一劫。

生活中，有纷争就会产生矛盾，有矛盾就会造成伤害。我们只有让内心平静下来，将那些不值得争吵、纷争的事情淡化，才会如老子所说"夫唯不争，故无尤。"

俗话说："多一事不如少一事。"好事多也会扰乱人的心绪，动摇人的意志。人是十分脆弱的，也是经不起诱惑的，不拼命追求好事，也是对自己的爱护。人们应该有顺其自然的心态，凡事不要过于强求。

范蠡矜而不争

范蠡是越王勾践的谋士，知识渊博，精通兵法，与孙子、张良齐名。他与当时另一个赫赫有名的谋士文种，同是辅佐越王勾践成为"春秋霸王"的关键人物。

范蠡与文种侍奉越王勾践，可谓辛勤劳苦，尽心尽力。经过二十多年的励精图治，最终灭掉了吴国，同时也洗刷了勾践会稽兵败、为吴王洗马的耻辱。勾践称霸中原后，范蠡、文种都被封官，其中范蠡被封为大将军。但范蠡居安思危，视权势为祸害，况且他知道越王勾践为人心胸褊狭，"只可与之共患难，不可与之共安乐"，便坚决辞而不受，装上轻便的珍珠宝玉，和家人乘船而去，驾一叶扁舟，走三江，泛五湖，然后浮海到齐国，在那里经营农业和商业，终生未回越国。

走前范蠡给大夫文种留下一封书信，说曰："飞鸟尽，良弓藏；狡兔死，走狗烹。越王的长相是脖子长，嘴尖得像鸟，这样的人可以跟他共患难，但却不可以与他同欢乐，你应该早日退去！"随后文种托病不再上朝，但没有听从范蠡的意见，离开越国。最终越王果然赐予文种一把宝剑，并且说："你教给了我四种讨伐吴国的计谋，我只用了三种，还有第四种你到先王那里用吧！"文种无奈，只得自刎于家中。

而范蠡呢，泛舟过海来到齐国后，自称鸱夷子皮，在海边耕作，从事商贸，没过多久，财产已经无法计数。齐国人都知道他的贤能，便要请他做丞相。范蠡却不肯，散尽财产，悄悄离去，来到陶地安居。陶地是天下的交通中心，贸易重地，他善于等待时机，贱买贵卖，每次只追求微薄的利润，没有多久，财产累计达到百万，富可敌国。从商的19年中，他曾经"三次掷千金"——三次散尽家财，又三次重新发家。

范蠡与文种同为辅佐越王勾践成为"春秋霸王"的功臣，但两个人最后的命运却有天壤之别：一个成为天下巨富，与西施泛舟湖上，不亦乐乎；而另一个却是兔死狗烹、鸟尽弓藏，最后被迫自刎于家中。这其中的关键，便是范蠡明白"无争才能无祸"的道理，不贪图高官厚禄；而文种对自己的权势富贵还恋恋不舍，最后连性命也丢了。

在这里，我们应该看到，老子的"不争"内容很广泛，包括不争长短，不争高下，不争是非，等等。同时，老子的"不争"并非目的，而是策略。正是这种"不敢为主而为客，不敢进寸而退尺"的艺术，使领导者能退而避免过错，保全自身；进而消解矛盾，乱中求治。

生活中，真正修养深厚、庄矜自重的人，不与人争长叫短，因为他们把自身的优势，向内变成为一种人格涵养，向外变成为一种不屑计较的态度。因此，矜而不争，是一种高度的自信、高度的自尊，是在人格价值上超越对方、压倒对方。

进一步而言，老子的"不争"并非要我们消极处世，而是让我们能够以冷静的心态面对那些没有意义的纷争，省出更多的时间做那些更有意义、更有价值的事。老子的"不争"正是让我们不要去争一时的高下，而积蓄力量去争取人生更长远的成功。

处世智慧

◇多一事不如少一事。

◇飞鸟尽，良弓藏；狡兔死，走狗烹。

◇不敢为主而为客，不敢进寸而退尺。

拥有一颗赤子之心，做纯真的人

【聊天实录】

我：夫子，您曾经说，做人要想纯真，就需要有一颗赤子之心。那么，我们怎样做才能拥有这样的赤子之心呢？

老子：您这个问题，可以从《道德经》第二十八章中找到答案，也就是里面提到的：复归于婴儿。

我：夫子，您这样说还是很抽象，你能具体地讲解一下吗？

老子：当然可以。复归于婴儿，就是说要回复到婴儿那样纯真的状态。

我：夫子，我明白了一些。您的意思是说，婴儿不懂得伪饰，一切随性而为，天机自然，最接近于"道"，我们应向婴儿学习，做一个纯真自然的人。这里的自然指的是自然而然，也就是平常所说的天然，指万事万物没有人为因素的那种状态，清水芙蓉，自得天成，我这样理解对吗？

老子：你说得很对，"自然"是"道"的根本特性，也是我所提倡的一种生活态度，更是我所推崇的人生境界。

【人生境界解读】　　淳于髡说"不醉"的境界

春秋时齐国有个叫淳于髡的人，是齐国的"倒插门"女婿，为人滑稽善饮。有一次，齐威王问淳于髡："都说先生您能喝酒，您到底一顿能喝多少？"淳于髡说："怎么说呢？喝一斗可能会醉，但喝一石也许不会醉。"齐威王疑惑地问："这话怎么讲呢？"淳于髡说："如果和大王您在一起喝酒，旁边站着倒酒的人，后边立着保卫的人，气氛非常紧张，在这种情况下，我也许喝不上一斗就醉了；若陪重要的客人喝酒，需要不住地照顾客人，这种情况下，能喝二斗也就不错了；如果和长时间没见面的友人喝酒，'欢然道故，私情相语'，这样可以喝五六斗；若是男女在娱乐，大家在一起欢欢乐乐，这样可以喝八斗；如果是晚上，'合尊促坐，男女同席'，烛光晚宴，席间女性又微红香腮，飘柔长发，轻解衣襟，脉脉含情，这种情况觉得心中最为兴奋，那么就是喝上一石也不醉了。"

其实，淳于髡所说的"不醉"的境界，就是人性不受扼制的时候，而饮一斗就醉则是人生最受禁锢的时刻，所以，从某种意义上说，人性就是自然之性，任何包装和限制都是对人性的背叛。

老子认为，人的本性是善良的纯真的，而种种人类的丑恶行为，则应当是不合理不完善的社会制度造成的人性扭曲。由此，老子坚持去伪存真，保留人性善美而契合自然之道的东西。摒弃所有引起人的贪欲的东西，尤其是当时流行的推崇贤能的风尚，更被他认为是最易产生罪恶的渊薮。在他的眼里，让人们在一种自由宽松的社会环境中保持人类淳朴天真的精神生活，比在充满争斗与阴谋的社会享受虚有的物质文明更符合人类的本性。

老子认为，要想让天下不至于丧失淳厚质朴，就该自然而然地行动，一切顺于自然规律行事。白色的天鹅不需要天天沐浴而毛色自然洁白，黑色的乌鸦不需要每天用黑色渍染而毛色自然乌黑，乌鸦的黑和天鹅的白是出于本然，不足以分辨谁优谁劣。名声和荣誉那样外在的东西，更不足以散播张扬。泉水干涸了，鱼儿相依偎在陆地上，大口出气来取得一点湿气，靠唾沫来互相得到一点儿润湿，这样互助互爱、苟延残喘有什么意义呢？倒不如回到江湖里将对方忘却、自由自在。"

"与其相濡以沫，不如相忘于江湖"。对于这句话，我们一直存有非常大的误解，直到今天我们才发现，原来相濡以沫是面临危机和绝境时的无奈之举，而相忘于江湖才是真自由！

✎ 刘伶嗜酒如命 ✎

魏晋时期的许多文人厌恶外表文质彬彬，衣服有一定的样式和颜色，语言总有一定的分寸，举手投足温文尔雅，面部总装有一种固定的表情的一本正经的正人君子，他们要求抛弃一切压抑人性的礼节，让每一个人能真实地表现自我，高兴时就放声大笑，痛苦时就号啕大哭。经常纵酒的刘伶，每每喝得酩酊大醉。有一天家中酒喝光了，他想酒简直想疯了，于是缠着他妻子不放，要她去酒店为他买酒，妻子把酒瓶摔在地上说："你喝得太多了，这不是糟蹋自己吗？从今天起

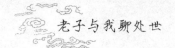

非戒酒不可。"刘伶说："太好了，我自己没有毅力戒酒，只有求神保佑我能戒掉，现在快去弄些酒肉来。"妻子听了非常高兴，连忙去买酒买肉供在神前请刘伶发誓，刘伶跪下来发誓说："天生刘伶，以酒为命，一饮一斗，五斗清醒，妇人之言，千万别听！"说完把供在神前的酒肉喝光吃尽。

刘伶的好友嵇康提出为人应当"越名教而任自然"的口号，"越名教"，就是抛开传统束缚人的礼节、名分等，剥光自己人格、情感和思想上的伪装，赤裸裸地露出自我。他曾说自己对做官求荣毫无兴趣，只想放任自己的天性，过一种自然的生活。他向过去的朋友讲了九条不愿做官的理由，其中有几条是：自己喜欢抱着琴漫步边唱边弹，或者去野外钓鱼射鸟，做官以后就不能随意行动；当官要正襟危坐着办公，腿脚坐麻了也不能起来活动，自己特别不喜欢世故奸猾的俗人，而做官必然要与这些家伙共事，看到他们吹牛拍马、点头哈腰的丑态，实在叫人恶心。他不愿意为了权势和荣华扭曲自己的本性，强调要像老子所说的那样，按自己的本性生活。

两千五百多年前，老子就开始从道德心理学的角度思考道德问题，认为道德的心理本质是本真的赤子之心。可爱的赤子，依本性存在，天真淳朴而至智，虚无接物故无犯，无为而为所以能无不为。正因为"未孩"而有天真智慧，他们又能不失母而与母最自然亲和。赤子含德最全最厚，同时又与道之母体紧密一致，赤子正是道与德未离的最佳象征，所谓要求得道有德，就是要"复归于婴儿"。这里实质所指无非是复归于赤子婴儿健康自然之心！这个复归的过程，在本质上是要人们从丧失赤子之心而异化的心态中，再回归赤子之心的本源生机。

孟子也说过一句类似的话："大人者不失其赤子之心也。"这里所谓的"大人"，可以指统治者，更可以指具有伟大人格的人，因为道德上的成就与原始纯洁的赤子之心，有深刻的关系。赤子之心，就是一颗率直、纯真、善良、热爱生命、好奇而富想象力、生命力旺盛的"心"，能够常常怀着"赤子之心"，才可以成为"大人"。

我们也看到，在现代人的词典中，压抑自己的本性就叫"克制能力强"，善于伪装就叫"有涵养"。而人们天天戴上意识的假面具，老是把自己的真面目隐藏起来也叫人难受，我想每个人都愿意露出自己的真面目，就像每个人都喜欢阳光一样。

不要因为世俗的标准远离自己的赤子之心，打开心灵的窗户，倾听自己的内心诉说，涵养孕育自己的心境，只有心中有大境界，我们才能超越。要知道，自然而然，是对人性的一种肯定，一种保护，一种张扬。生活，包括政治生活、经济生活和社会生活，其固有的种种秩序往往就是对人性的限制。如果可能的话，人性对现实是应有所超越的。

处 世 智 慧

◇与其相濡以沫，不如相忘于江湖。

◇大人者不失其赤子之心也。

◇越名教而任自然

平常心处世，何处不春风

【聊天实录】

我：夫子，世间总有很多的事情让我们很烦恼，让我们内心难以平静。面对生活中种种，我们应该怎样去做呢？

老子：你所说的这个问题，可以从《道德经》第十三章中找到答案，即，及吾无身，吾有何患？

我：夫子，您说的这句话应该怎样去理解呢？您能解释一下，说得更通俗一些吗？

老子：好的，这句话的意思就是如果我们忘掉自我，还有什么值得

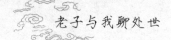
忧患的呢？

我：夫子，按照您所说的，我们可以将这句话理解为人需要有一颗平常心，并且在生活中以平常心处世吗？

老子：可以这样理解。面对生活中复杂的事物，如果我们能够做到以平常心处世，那么人生何处不春风呢？

【人生境界解读】 ～ **禅师的开悟** ～

从前有一位禅师晚饭后去郊外散步，遇见一个放声大哭的年轻人。

禅师问年轻人："你为何如此伤心？"

小伙子答说："我失恋了。"

禅师闻听连连抚掌大笑说："糊涂呀糊涂！"

小伙子停住了哭，气愤地说："我都失恋了，你为什么还如此取笑我？"

禅师摇头说："不是我取笑你，而是你自己在取笑自己啊。"

见小伙子不解，禅师接着说："你如此伤心，可见你心中还是有爱的，既然你心中有爱，那对方就必定无爱，不然你们又何必分手？而爱在你这边，你并没有失去爱，只不过失去一个不爱你的人，这又有什么值得伤心的呢？我看你还是回家去休息吧。休息好了，赶紧好好工作。该哭的应是那个人，她不仅失去了你，还失去了心中的爱，多可悲啊！"

失恋的小伙子听罢顿时破涕为笑，恨自己连这浅显的道理都没看透，于是向禅师鞠了一个躬，转身离去。能以平常心处世，人生何处不春风！

马祖道禅师说："平常心是道，无造作，无是非，无取舍，无断常，无凡无圣。只今行住坐卧，应机接物，尽是道。"景岑禅师对平常心的表述是"要眠即眠，要坐即坐；热即取凉，寒即取火"，显现的是一种没有矫饰、超然物外、清净自然的生活态度。如此看来，自然而然，勿与自然抗争，绝缘世俗名利，就有平常之心了。

平常心是一种境界，慧能大师曾说："本来无一物，何处染尘埃。"他的这种超然物外、超越自我的境界正是平常心最好的诠释。他们不是"看破红尘"，更不是消极遁世，相反地，他们所要表现的却是一种积极的心态，以平常心观不平常事，则事事平常，无时不乐也无时不忧。其实真正的平常心就是享受生活中的平凡和简单，只要能把心态放平稳，不要被外界的动乱干扰，这样就是拥有了一颗真正的平常心。

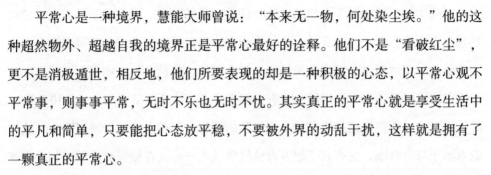

保留平常心，做到心平气和

曾国藩曾经说过："大命由天定。"这话在唯物主义者看来，当属"宿命论"，但许多与生俱来的东西是无法或者非常难以改变的。

有一个学生问他老师说："有两个人年龄相近，面貌相似，可是他们却一个长寿富贵，美名远扬，一个却短命贫贱，恶名昭彰，为什么？"老师告诉他："生死有命，各有不同，你可以任意而为。你想拼命追求，没有人会阻止你，也没有人会反对你。日出日落，各忙各的，谁知道为什么他会那样？这都是命啊！"

然而，人们在小的时候往往是不大相信命运的，觉得凡事只要努力，总会有所收获，就像社会上流行的口号：人定胜天，气死老天。渐渐长大，遇到了许多天逆人愿、力所难及的事，才觉得命运不全掌握在自己手中。

佛教的创始人释迦牟尼就是一个心平气和的人，曾经有一段时期，释迦牟尼经常遭到一个人的嫉妒和谩骂，对此，他心平气和，沉默不语。又有一次，当这个人骂累了以后，释迦牟尼微笑着问："我的朋友，当一个人送东西给别人，别人不接受，那么，这个东西是属于谁的呢？"这个人不假思索："当然是送东西的人自己的了。"释迦牟尼说："那就是了！到今天为止，你一直在骂我。如果我不接受你的谩骂，那么谩骂又属于谁呢？"这个人为之一怔，哑口无言，从此，

他再也不谩骂释迦牟尼了。

对待生活，我们要学会坦然置之。这是生活的哲理、做人的学问。真正的坦然是独享寂寞，而又坚守有成；是处事无奇，而又为人有道；是淡薄明智，而又宁静致远。坦然面对，固守一份超脱！学会坦然，你就会不以物喜而开怀失度，不以己悲沉醉低迷。学会坦然，才有一颗平常心，才会生活美好，才会快乐！

生活中，要使自己始终保持心平气和的情绪，以免总是处于愤怒之中，这样既有利于身心健康，更有利于想方设法战胜敌人——人在愤恨交加的时刻，很难想出什么奇谋良策，因为此时人的思维处于混乱状态。

一个好用心机的人容易产生猜忌，会把杯中的弓影误会成蛇蝎，甚至远远看见石头都会看成是卧虎，结果内心充满了杀气；一个心平气和的人即使遇见凶残的老虎一类的人也能把他感化得像海鸥一般温顺，把聒噪的蛙声当作悦耳的乐曲，结果到处都是一片祥和之气，从中可以看到人生真谛。我们要学会坦然对待生活，在当今物欲横流的社会中，到处是为钱而纷争，学会坦然不是一件易事，必须经过心灵的洗礼，一旦看透才能做到真正的心平气和。而我们拥有一颗平常的心，就能淡然地面对金钱与权势，泰然地面对成功与失败，坦然地面对风光与平凡，畅然地面对现实与理想，悠然地享受生活给予我们的分分秒秒，点点滴滴。

平常心，平常态，是健康人生的至高境界。我们必须明白，交情离不开心意相通。虽然这个世界有很多的不尽如人意之处，但是，只要我们能够微笑和善意地面对，那么，平淡生活中并不缺乏美丽。

处世智慧

◇平常心是道，无造作，无是非，无取舍，无断常，无凡无圣。只今行住坐卧，应机接物，尽是道。

◇本来无一物，何处染尘埃。

◇能以平常心处世，人生何处不春风！

有所为，也要做到有所不为

【聊天实录】

我：夫子，面对生活中的一些事情，有时候我们往往会不知道哪些该做，哪些不该做。在这方面，您能给我们一些建议吗？

老子：好的，对于你所关心的问题，我在《道德经》第四十八章中曾经提到：为学日益，为道日损。损之又损，以至于无为。无为而无不为。

我：夫子，您说的这句话，我们应该怎样去理解呢？

老子：这句话其实就是说，求学的人，其情欲文饰一天比一天增加；求道的人，其情欲文饰则一天比一天减少。减少又减少，到最后以至于"无为"的境界。如果能做到无为，那就可以无所不为。

我：夫子，您的意思是说：做学问自然是愈多愈好，如此才能增长见识；修道则必须放淡欲望、清静无为，并且必须专一修炼，才能得道与开慧。损之又损、减之又减、简而再简、约而再约，"道"便显露出来。在这个求"道"的过程中，就可以开辟出一块广阔的空间来。这是一个修炼的过程，也是一个去杂念而存朴质的过程。因此，无为是学道悟道的最高境界，一个人如果能达到这种境界，也就是心灵修炼达到上乘的境界了。人如果能够不妄为，就没有什么事情做不成，这样理解对吗？

老子：对，你说得很正确。一个人不管做什么事情，一定要想到，有所为，也要有所不为事情这些，才不会不知所措。

【人生境界解读】　　　*有所为，有所不为*

一个年轻人，很想在任何方面都比他身边的人强，想成为一名大学问家。许多年过去了，他的其他方面都不错，但学业却没有长进。他很苦恼，就去向一个

大师求教。

大师说："我们登山吧，到山顶你就知道该如何做了。"

山上有许多晶莹的小石头，很迷人，每见到他喜欢的石头，大师就让他装进袋子里背着，很快，他就吃不消了。

"大师，再背，别说到山顶了，恐怕连动也不能动了。"他疑惑地望着大师。

"是呀，那该怎么办呢？"大师微微一笑，"该放下，不放下背着石头咋能登山呢？"

年轻人一愣，忽觉心中一亮，向大师道了谢便走了。之后，他一心做学问，进步飞快终有所成。

人生就如登山，每个人都在前行的过程中不断地往袋子里累积东西，这些东西包括你的名誉、地位、权力、财富等。很多人只知道一味地往自己的袋子里堆积东西而不知道放下，以至于身心疲惫。拥有太多有时并非是好事，拥有太多，顾虑也就多了，包袱也就沉了，那就会拖累自己。所以我们要学会选择，懂得放下，收获对自己有益的东西，放下让心灵疲惫的一切，这样才能轻松地赶路。

宋代林逋在《省心录》中说："饱肥甘、不知节者损福，广积聚、骄富贵不知止者杀身。"林逋这位智者劝导人们要知足、节制、知止，其实质上就是说人生要学会选择，要懂得取舍。一个人的生存能力再强、精力再多，也不可能无所不为，将所有的东西全部收为己用。什么都想要，什么都想做，只会什么都得不到，什么都做不好。

冯景禧只做老板的事情

香港金融界巨人、新鸿基银行有限公司主席冯景禧先生，就是一个善于授权并取得了巨大成功的典范。冯景禧在 20 世纪五六十年代开始了创业，他与友人一起开办了新鸿基地产公司。由于他善于经营，该公司很快就成为香港一家规模较大的房地产公司。1969 年，冯景禧创办了新鸿基证券公司，并在新成立的远东股票交易所得到了一个席位，也正是因为这个席位，使新鸿基的股票能够上市交易，从此之后，新鸿基证券公司逐渐成为香港最大的股票经纪行和经营多种业务的独立机构。在不到十年的时间里，冯景禧使这家原来只有八位职员的经纪行一跃而成为拥有上千名职工的大公司。同时，新鸿基还与美国、法国等财务机构建立了合作关系。除此之外，在伦敦、马尼拉、新加坡、纽约、北京等地开设了办事处。到了 90 年代，新鸿基银行资产已达 42.6 亿元港币。

冯景禧在事业上取得了如此巨大的成就，除了他在经营上与欧、美公司联营，在经营策略上要多为零散的小户服务，更重要的是冯景禧得益于在网罗人才和使用人才上的成功。冯景禧认为，财物欲尽其利，管理欲尽其力，这都少不了人才的力量。但人多为患，关键就在于合理地组织和使用。在管理方面，冯景禧实行"精兵简政"的策略，这不仅省掉了许多不必要的开支，减少了领导层次，更重要的是避免了扯皮推诿，更有利于锻炼人才更好地为公司服务。

冯景禧常说："服务行业的财富靠管理，而管理又是靠人去实行的。"冯景禧的难能可贵之处就在于能以宽宏的气度和细密的观察，做到知人善。他用人的艺术熔东西方优点于一炉，既有西方人科学的求实精神，又有东方人的和谐的情绪气氛。在日常的管理中，冯景禧采取分权放权的方法，让自己的下属多抓具体的事情，一般的日常事务，他更是极少过问。他的主要精力是集中于处理公司内外政策方面的事情和发展新的业务，公司里的日常事务由各部门经理做对口性处理，他一般都不干预。

冯景禧有五个孩子，但只有一个在新鸿基任职，而且，他的孩子像公司里的其他行政人员一样，并无特权。冯景禧的这种管理方法，是典型的现代化管理方法，他的成功，也在说明着这种管理方法的科学性。切记，把权力交给你的部属，充分放权给他们，这样，不仅解脱了你，也会使你的事业有一个大的发展。

人生在世，无论做什么事情，都要有所为有所不为。如果有人想无所不为，那么最终的结果就会一无所为。成败在于选择，在于取舍，在于顺势而为。人如果能够不妄为，就没有什么事情做不成的。

处世智慧

◇饱肥甘、不知节者损福；广积聚、骄富贵不知止者杀身。

◇有所为，有所不为。

由无为才会达到有为

【聊天实录】

我：夫子，在这个世界上，很多人越来越推崇无为而治的哲学。对此，您怎么看？

老子：对于这点，我在《道德经》第三章中曾提到："圣人之治，虚其心，实其腹，弱其志，强其骨，常使民无知无欲。使夫智者不敢为也，为无为，则无不治。"

我：夫子，我明白您说的是无为而治，但是这句话应该怎样去理解呢？

老子：这句话的意思就是说，圣人的治理之道是：使大家的心灵虚静，生活务实。心志淡泊，平安健壮。常常使大家不去刻意追求知识和欲望。让智巧聪明的人没有特殊的目的和机会去妄为，以顺应时机，则不可能治不好。

我：夫子，您所说的"无为"并不是无所作为之意，更不是什么都不做。这里的"无为"是指不妄为、不随意而为、不违道而为。相反，对于那种符合道的事情，就必须以"有为"为之。同时，这也只是让人在处世之时顺应大势、顺应自然。所以，您的这种"无为"，不仅不会破坏事物的自然进程和自然秩序，而且还有助于事物的成长和发展，我这样理解对吗？

老子：你说得很对，我所说的无为就是说要由无为达到有为的目的。

【人生境界解读】　　　有为和无为的思考

日本著名科学家系川英夫在他所著的《一位开拓者的思考》一书中，讲了一段极富哲理的话："人生的重挫酷似翻船，为使身体不致由水流动力紧紧地吸附于船底，造成窒息性死亡，就要落水后借助坠落的劲儿蜷缩身体，一沉到底，然后再顺着水流浮出水面，以求摆脱葬身鱼腹的命运。人生处于逆境时，如硬要违背客观规律，结果只能加剧事态的恶化，逆境之中最关键的是顺应所处的环境并暗中积蓄力量。"

这里的"蜷缩身体"、"一沉到底"，看上去好像非常消极，一副听天由命、不再挣扎的样子，但却是死中求生的正确选择。如果不顾客观情势在坠水之后就拼命地胡乱扑腾一番，那倒会事与愿违，落得一个葬身鱼腹的下场。一个是"无为"——不做挣扎，一个是"有为"——拼命挣扎。无为者生，有为者死，这就是"无为而为"的神妙之妙。

"无为而无不为"包含着丰富的哲理。我们无论做什么事情，都是有所为有所不为的。人生当中，如果有人想无所不为，那么最终的结果就会一无所为。做事要有所取就要有所舍，有所攻就要有所守，贪心太大，必遭祸害。

不仅如此，不该做的事情不要勉强，要克制自己的情绪，是"无为"的核心内容。不把个人的意志强加在人与事之上，并不是怯懦的表现，而是一种大的智慧。它能使人在潜移默化中走向自觉，收到良好的成效。

人类的历史已经证明，能够得到天下的人，靠的往往就是无为处世的哲学境界。倘若没有无为的心境，而非要用智谋的手段，处心积虑、竭尽所能地去争取天下，反而是不可能达到目的的。古今中外的修道之人都必须去掉各种欲望，达到清静无为的精神境界之后，才能功成圆满，所以，做学问讲究每天精进，做人在于每天减少一点杂念与欲望。

老子的无为在中国产生了巨大的影响，在文学、艺术、政治、国民性格、哲学研究甚至于现代经济中都深深地留下老子的烙印。无为对中国美学、中国

文学、中国艺术的发展产生了巨大的影响。例如从中国美学中意象的理论、意境的理论、审美心理的理论，以及一系列重要的概念、范畴和命题中都能找到无为的影子。

刘勰说："心生而言之，言立而文明，自然之道也。""文章本天成，妙手偶得之"。宋朝张戒肯定了"胸襟流出"、"卓然天成"的自然之性情。清朝王国维更说："古今之大文学，无不以自然胜。"

吴榜无为治县政

在老子看来，理想的社会应该奉行"无为而治"，对于管理者而言应当不断减少对人的管制和束缚，制定政策不能政出频繁，更不能朝令夕改。

东汉时期，吴榜任新蔡县县令时，有人给他出了很多点子治理百姓，吴榜却无一采纳。他说："现在不是措施不够，而是措施太多了。每一任知县都强调己能，朝令夕改，百姓无所适从啊。"吴榜不仅不提出新的主张，而且废除了许多不合理的规章，他召集百姓说："我这个人没有什么本事，凡事要依靠你们自己的努力，只要有利于发展生产的，你们尽可按照自己的方法去做，有什么困难随时都可以找我。"

吴榜不干涉百姓的生产生活，又严命下属不许骚扰百姓。闲暇的时候，他整日在县衙中看书写字，十分轻闲。

有人将吴榜的作为报告给了知府，说他不务公事，偷懒放纵。知府于是把他召来，当面责怪他："听说你整日无所事事，日子过得分外自在，难道这是你作为父母官应该做的吗？"

吴榜回答说："新蔡县贫穷困顿，只因从前的县令约束太多，才造成今天的这种局面。官府重在引导百姓，取得他们的信任，没有必要凡事躬亲，把一切权力都抓到自己手里。我这样做是要调动他们的积极性，让百姓休养生息，进而达到求治的目的，我想不出一年，你就可以看到效果。"

一年之后，新蔡县果然面貌一新，粮食有了大幅增长，社会治安也明显好转。知府到新蔡县巡视一遍，对吴榜说："古人说无为而治，今日我是亲眼见到了。以前我错怪了你，现在想来实在惭愧。"我们看到吴榜的无为而治不是消极的，而是针对从前的弊端而制定的全新措施，看似无法无为，其实大有学问。

任何事物都有其自身的规律，规律是不以人们的意志为转移的，我们只能尊重规律，利用规律。水遇热变成蒸汽，这是客观存在，无法改变，但我们却可以用这一规律来生产暖气，制造人工降雨。这说明，我们无法改变铁一般的规律，却只有顺应它、利用它。

老子还强调"人法地，地法天，天法道，道法自然"。所谓"道法自然"是说道就是其本来的样子，"道"以它自己的状况为依据，以它内在的原因决定其本身的存在和运动，而不必靠外在其他的原因。老子认为，任何事物都要顺应它自身的情况去发展，"自然"就是道，就是规律，就是法则。老子的这些论述实际上反映了其学说的精髓和本质，简而言之，就是倡导一种"无为而治，道法自然"的思想。

其实，老子这里所说的"无为"，并非人们通常理解的消极的"无为"，并不是要人什么事都不做，毫无作为，听凭命运的摆布，而是要求人们积极遵道以行，率理以动，因势利导。此外，强调人不应妄为、不应乱为，不违背事物存在和发展变化的规律，要充分认识事物的发展规律，然后根据自然规律去工作，而不要勉强去干那些违背于规律的事。

处世智慧

◇无为而无不为。

◇心生而言之，言立而文明，自然之道也。

◇无为而治，道法自然。

顺应自然，做个时势的追随者

【聊天实录】

我：夫子，世界上有很多的成功者，也有很多的失败者。有的人说，成功者往往就是那些懂得顺应自然，顺势而为的人，而那些失败者则是不能顺应时势或者逆势而为的人。对此，您怎么看？

老子：对于这点，我在《道德经》第七十七章中曾经提到：天之道，其犹张弓欤？高者抑之，下者举之，有余者损之，不足者补之。天之道，损有余而补不足。人之道则不然，损不足以奉有余。

我：夫子，这段话我们应该怎样去理解呢？

老子：这句话的意思就是：大自然的规律，岂不就像拉弓一样吗？弦位高就被抑低，弦位低就被拉高。有余的被减少，不足的被补充。减少有余，弥补不足，这正是大自然的规律。人间的法则却不是这样，总要剥夺不足，而用来供奉有余。

我：夫子，您的意思是：天道自然，就是顺乎万物的自然规律，只要是矛盾的两个方面，一定会相互转换的。高山变成沧海，沧海化成桑田。有生有死，有死有生，一切的一切，都在自然而然地变化着。人在日常活动中要顺应自然，顺势而为。我这样理解，对吗？

老子：你说得很对，一个人要想在世俗当中超然世外，就需要做到顺应自然，顺应时势。

【人生境界解读】 　　　　蜀国逆势而为丧国

　　三国时期，蜀弱魏强，一般的道理是强者吞并弱者。魏国的君臣大多是人杰，又有地广人多的地利和人和，有机会就可灭掉蜀国。蜀国虽然有孔明、刘备，但人才储备远逊于魏国，再加上地小人少，根本无法与魏抗衡。

孔明为了报答刘备的知遇之恩在前，姜维为了完成孔明的志向在后，都一心伐魏，明知做不成的事，却凭着自己的才华，逆势而行结果只能是无功而返。

孔明六出祁山，每次都劳师动众，但收效甚微。到了姜维主持军事，蜀国更加弱小，但他为了告慰孔明的在天之灵，多次率领小部队进攻魏国，都没有什么成效。到了费祎执政时，姜维三番五次要大举进攻，都被费祎拒绝。到黄皓执政时，姜维可以独立主持军事了，他率大军多次进攻魏国，结果没灭了人家，反而让魏国灭了。

其实，不是孔明和姜维的计谋不行，也不是他们不够勤奋，而是犯了逆势而行的错误。顺势者，会使生命舒展勃发，即使凡人也可能成就大事。逆势者，生命蜷曲枯萎，即使伟人也可能面对失败。在竞争日益激烈的当今社会中更是如此，万事皆有定律，违背"顺势"法则的人，成功的几率很小。做人行事当牢记：不要逆势而为。

顺势而为，不能强势而为，更不能逆势而为。智者顺势而为，愚者逆势而动。一个人能够做趋势的追随者，无论是进是退，都占尽先机。所有的英雄，都是因时势而成的。天下最不可为者，莫过于逆势而行。逆势逆时，往往不只是事倍功半，而是徒劳无功，甚至身败名裂。

凡事都有个趋势，顺势而上，自然成功率高，逆势而上遇到的阻力就会高。自古办事者有顺势而行者，有逆势而行者。顺势而动，无往不利；逆势而行，举步维艰。伟大的拿破仑后期总打败仗的原因就是逆大势而动：天下人都厌恶了战争，他还持续发动战争，结果成了阶下囚。孙中山说过一句名言："天下大势，浩浩荡荡，顺之者昌，逆之者亡。"即使是孙中山这样的旷世之才，也要顺着天下大势的方向做事，不能由着个人的性子，也许智者与庸者的区别就在于是否能够判断出社会的发展趋势，并抓住机遇，顺势而为吧。

智者顺势而为，愚者逆势而动。所有的英雄，都是因时势而成的。天下最不可为者，莫过于逆势而行。一个人能够做趋势的追随者，无论是进是退，都占尽

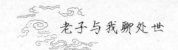
先机。事物的发展变化，都逃不过固有的规律。

一个人生活在这个社会当中，也应该懂得顺应自然的道理，只有这样，我们才能乐知天命，才能超然世外才能获得人生的成功。

顺应自然，静观其变

在人生的曲折道路上，当遇到难解的人生方程式的时候，明智的人就会选择"顺应自然"、"静观其变"，因势利导的做法。乐天知命，就是了解规律并尊重规律。规律是不可违背的，所谓"死生有命，富贵在天"，"谋事在人，成事在天"等，正是尊重规律的经验之谈。顺应自然，就是要看淡、看开、看透、看远。什么功名利禄，一切都是身外之物。终身为此，忙忙碌碌，实在活得累，不值得。

在魏晋时期焦虑人生苦短的文人中，陶渊明是最为突出的一个。除了"寓形干内复几时，曷不委心任去留"，"聊乘化以归尽，乐夫天命复奚疑"的人生感悟外，他在(《杂诗》中写道："盛年不重来，一日难再晨，及时当勉励，岁月不待人。"在《挽歌》中道："亲戚或余悲，他人亦已歌。死去何所道，托体同山阿。"在(《读＜山海经＞》)中有："俯仰终宇宙，不乐复何如。"从陶渊明一生看，他读经书不入仕，归隐不求道，因而形成了他特有的自然人生哲学观。

顺应自然就是要求人们遵循人的实践价值，按人的自然本心去生活。在当今社会，这种处世态度未尝不可化解人们的精神苦闷。现实中，很多人都以名利为标准来衡量个体，这使人们在心理上产生了不平衡。在这种情况下，我们应该像庄子一样，不要为名利所缠绕，而要愤世嫉俗，摆脱名利的负累，克服"人为物役"的异化。正所谓"谋事在人，成事在天"，只要确立了目标并尽自己的能力去做了，就应该心安理得，镇定自若地等着瞧结果，无论结果如何都应该"安之若命"。

世间万物，包括人，都有其自身生长的规律和特性。违反事物的发展规律，急于求成，好事也会变成坏事。规律是客观的，指的是它的存在和发生作用不以人的意识为转移，意味着规律既不能被创造，也不能被消灭，集中表现为它的不可违抗性。人类违背客观规律，就会遭到规律的惩罚。规律的客观性根源于物质的客观实在性，所以，我们要按客观规律办事，顺应自然，顺应时势，只有这样，我们才真正算是时势的追随者。

处世智慧

◇天下大势，浩浩荡荡，顺之者昌，逆之者亡。

◇智者顺势而为，愚者逆势而动。

◇死生有命，富贵在天。

◇谋事在人，成事在天。

追求清白宁静的人生境界

【聊天实录】

我：夫子，仁者见仁，智者见智。每个人对人生的境界都有不同的见解，在面对外界物欲的诱惑的时候，您认为我们应该怎样去做呢？

老子：对于这点，我在《道德经》第十二章中曾经说过：是以圣人，为腹不为目，故去彼取此。

我：夫子，对于这句话，您能说得再明白一些吗？

老子：这句话的意思就是说，圣人但求吃饱肚子而不追逐声色之享，所以能摒弃诱惑而保持安定知足的生活方式。

我：夫子，您的意思是说，在面对外来的诱惑的时候，我们需要追求一种清白宁静的人生境界吗？

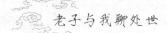
> 老子：你理解得很对，"清静为天下正。"清静与道一致，人要效法天地自然的道理，不可以躁动，而要经常追求清静。

【人生境界解读】 潘多拉的盒子

"潘多拉"是希腊神话中的第一个女人。普罗米修斯盗火给人类后，主神宙斯为了报复，就命令火神用黏土做成美女潘多拉，送给普罗米修斯的兄弟厄庇米修斯做妻子。宙斯让潘多拉带给厄庇米修斯一个盒子，潘多拉想知道盒子里装的是什么，就经受不住诱惑，打开了那个盒子，盒子里装的疾病、疯狂、罪恶、嫉妒等祸患一齐飞了出来，人间从此便充满了各种灾祸。

这则故事说明，抗拒诱惑是多么不易！每个人都有许多需要，有衣、食、住、行的需要，也有爱的需要。这些需要的满足是无可厚非的，然而还有一些需要，对人有巨大的诱惑力。而如果为了暂时的满足而抵抗不住诱惑，就会造成长远的和巨大的损失。

清静的心境就是做人无欲无我，公而忘私，虽生活在物欲横流的社会，却不为物累，淡泊名利，经得起地位、权力、美色的刺激与诱惑，不随波逐流，不为世俗所污染。人们受到外界的诱导，往往形成一些不良的心理，道家将之概括为"三毒"：一说系阴神之毒，能害人之性；阴精之毒，能害人之命；阴气之毒，能伐人脏腑。一说是指三尸之毒，三尸是居住在人身中的三种恶神，上尸使人好华饰，中尸使人好贪，嗜滋味，下尸使人好淫欲和嫉妒。这三者，基本上是人心中的不良心理状态，不清除势必干扰心性的正常素质和正常活动，所以必须排除。

"道德当身，故不以物惑。"人生活在现实社会之中，处处充满诱惑，要从这里走出来谈何容易？我们如果要修身养性，就不能贪图享乐。要耐得住寂寞，不为其所动，让"五根"清静，使自己处于平静自然的状态，这样才能去彼而取此，才能走进清静的世界。

叶桂和薛雪的分与合

清代人叶桂和薛雪都是有名的医生，当时他们住在同一条街上，彼此志趣相投，相处得很好。一天，一个被薛雪宣判为患了不治之症的病人找到了叶桂门上，请求叶桂治疗。病人服了叶桂的药以后，病渐渐地好了，从此，他逢人便夸叶桂医道高明。事情传到了薛雪那里，他很不高兴，产生了嫉妒之心，一怒之下将自己的住宅改名为"扫叶庄"，要扫尽叶桂的威风。叶桂知道后，来了个针锋相对，将自己的住宅改名为"踏雪斋"，要把薛雪踏在脚下，从此，好朋友变成了冤家对头。

后来，叶桂母亲病重，他使尽一切办法，久治无效，眼见母亲的病情一天比一天重，叶桂心急火燎，束手无策。此事被薛雪知道后，大笑叶桂医道不高。他对别人说："像叶母这样的病非用'白虎汤'不可。"叶桂闻知后，便给母亲试用了"白虎汤"，果然药到病除，这件事对叶桂震动很大，于是他亲自到"扫叶庄"登门求教。薛雪见了也很感动，检讨了自己的错误。此后，他们又成了互教互学的益友，为创造祖国医学理论中的瘟病学说做出了贡献。

清静的人生境界，才是人生的正道。俗话说：良田万顷，日食一斗；广厦万千，夜趴八尺。高飞之鸟，亡于贪食；深潭之鱼，死于香饵。在名利面前能否持有淡泊之心、超脱之怀，是判断一个人思想境界高低的重要标准。常怀律己之心，坚持高尚的精神追求，堂堂正正做人。清清白白做事，真正做到拒腐蚀而永不沾。

清静的阐释

清静的心境，就是守护尊严，做一个有骨气的人，这是清白的最高人生境界。南宋民族英雄文天祥，当身陷囹圄、面对劝降时，留下"人生自古谁无死，留取丹心照汗青"的诗句，英勇就义，守护住了民族的尊严，华夏的骨气。1941年，历史学家吴晗应重庆"国立编译馆"之约，写就一部明史，书稿寄交不久收到退稿函曰"'红军之起'拟改为'民军之起',稿酬从优"云云。仅以易一字之劳,便可名利双收,但为保持清白的品格,吴晗尊重历史,宁肯不出书,也不改动这个字,何等的高风亮节。有了清白的品格,自会滋养出做人的骨气,便会拥有无视金钱、蔑视死亡的胆识,使自己的人生光彩夺目,富于生命的意义和价值。

清静,就是守护人的善良的本性,为人排忧解难而不图回报,于金钱无贪恋,于官爵不迷惑。战国时期,秦军围攻赵国都城邯郸,赵国公子平原君束手无策,这时政治家鲁仲连慷慨陈词,力排异议,充分论证了尊秦为帝后患无穷的道理。鲁仲连拒秦救赵有功,平原君三次提出晋升鲁仲连,而鲁仲连三次不受,平原君又以千金相赠,鲁亦拒绝,鲁仲连有功不受赏、加官不任职的美德给后人以启迪。

清静的心境,就是守护廉洁的品格、高贵的气质以及从不屈服于贪官的压力。乾隆元年(1736年),进士郑燮先后任山东范县、潍县知县。有一年遇大旱,民不聊生,他办理赈济,得罪了上司和豪绅而被罢官,归乡时他画竹题诗:"乌纱掷去不为官,囊囊萧萧两袖寒。写取一枝清瘦竹,秋风江上作渔竿。"于是弃官为民,垂钓江上。"两袖寒"、"清瘦竹",就是对清白的形象诠释。

清静,是一片宁静的湖泊,永远照亮着高尚而纯洁的心灵。宁静淡泊不是断绝一切欲望,而是远离贪婪,淡忘名利场上的虚伪,拥有一份阳光的温馨。一首小诗,一杯清茶,一份祝福,一种牵挂,就会让自己内心快乐和淡然。

处世智慧

◇道德当身,故不以物惑。

◇良田万顷,日食一斗;广厦万千,夜卧八尺。高飞之鸟,亡于贪食;深潭之鱼,死于香饵。

◇乌纱掷去不为官,囊囊萧萧两袖寒。写取一枝清瘦竹,秋风江上作渔竿。

第章

老子跟我聊淡定处世

　　人生沉浮，世事艰难。一个人行走于世间，总难免会经历有关自身荣辱得失的事情。然而不管是荣耀加身，还是身处不利，我们都需要有一个淡定的心态，不要让一时的利或不利影响了我们的情绪。同时，我们还要学会知足常乐，宠辱不惊，笑看得失，只有这样，才能让自己内心恬静轻松，并享受当下生活。

不要让抱怨扰乱了自己的内心

【聊天实录】

我：夫子，我们在生活中总会遇到一些不顺心意的事情，这些事往往会让我们变得烦躁不安。面对这样的情况，您认为我们应该怎样来调整自己的心态呢？

老子：对于你所说的这个问题和现象，我在《道德经》第二十七章中曾经提到：善闭，无关楗而不可开；善结，无绳约而不可解。

我：夫子，我们应该怎样来理解这句话呢？

老子：这句话意思就是：善于关门的人，不用锁具却使人不能打开；善于捆绑的人，不用绳索也使人无法解脱。

我：夫子，按照您所说的，在面对一些不顺心或者不公平的时候，我们不应该去抱怨或者依此抱怨，这样才能让自己的内心平静，淡定，这样理解对吗？

老子：你说得很对。一个人只有停止抱怨，才不会让抱怨乱了自己的内心，才能做到淡定处世。

【淡定处世解读】 **农夫无济于事的怒吼**

"善结，无绳约而不可解。"总是抱怨不幸的人，即使不给他任何痛苦，他也会自己给自己痛苦的。在这个世界上，人太多，爱太少，苦难忍，钱难赚，人人都感到活得累，于是抱怨成了最方便的发泄方式。但抱怨除了能发泄一下怨气之外，很多时候非但不解决问题，还会使问题恶化。如果抱怨上了瘾，不但人见人厌，自己也会整天闷闷不乐。

抱怨是人性中的一种自我防卫机制，要完全做到不抱怨的确很难。如果你觉得自己根本无法做到停止抱怨，那么至少应该在抱怨的时候提醒自己，这个抱怨只是暂时的出气宣泄，可做心灵的麻醉剂，但绝不是心灵的解救方。一个真正超越红尘琐事的开悟者，第一要达成的境界就是停止抱怨。面对一切的误解、攻击、诋毁、赞誉、奖赏，开悟者都能做到以开放的心坦然承受。

有一个年轻的农夫，划着小船，给另一个村子的居民运送自家的农产品。那天的天气酷热难耐，农夫汗流浃背，苦不堪言的他心急火燎地划着小船，希望赶紧完成运送任务，以便在天黑之前能返回家中。突然，农夫发现前面有另外一只小船，沿河而下，迎面向自己快速驶来。眼见着两只船就要撞上了，但那只船并没有丝毫避让的意思，似乎是有意要撞翻农夫的小船。

"让开，快点让开！"农夫大声地向对面的小船吼叫，"再不让开你就要撞上我了！"但农夫的吼叫完全没用，尽管农夫手忙脚乱地企图让开水道，但为时已晚，那只船还是重重地撞上了他的小船。农夫被激怒了，他厉声斥责："你会不会驾船，这么宽的河面，你竟然撞到了我的船上！"当农夫怒目审视对方小船时，他吃惊地发现，小船上空无一人，听他大呼小叫、厉言斥骂的只是一只挣脱了缆绳，顺河而下的空船。

多数情况下，当你责难、怒吼的时候，你的听众或许只是一艘空船，那个一再惹怒你的人，绝不会因为你的斥责而改变他的航向。所以要清楚自己，不要把麻烦转变成自己的烦恼，使自己陷入无尽的烦闷悲伤之中。其实唯一能伤害人的也只有自己，恼恨自己和恼恨别人全都是徒劳无益、于事无补的。停止抱怨看起来几乎不可能，古话说："直心是道场。"如果你能做到少抱怨，平平常常担起自己的责任，那么你的人生境界就非常不简单了。

❧ 一个女孩的抱怨 ❧

一个女儿对父亲抱怨她的生活，抱怨事事都那么艰难，她不知该如何应对生活，想要自暴自弃。她已厌倦抗争和奋斗，好像一个问题刚解决，新的问题便会马上出现。

她的父亲是位厨师，父亲把她带进厨房。他先分别往三只锅里各倒入一些水，然后把三个锅分别放在旺火上烧，不久锅里的水烧开了。他往第一只锅里放了些胡萝卜，第二只锅里放进一只鸡蛋，最后一只锅里放入咖啡粉，最后将它们放入开水中煮，整个过程父亲一句话也没有说。

女儿咂咂嘴，不耐烦地等待着，纳闷父亲在做什么。20分钟后，父亲把火关掉，把胡萝卜捞出来放入一个碗内，把鸡蛋捞出来放入另一个碗内，然后又把咖啡舀到一个杯子里。做完这些后，他才转过身问女儿："亲爱的，你看见什么了？"

"胡萝卜、鸡蛋、咖啡。"她回答。

父亲让她靠近些并让她用手摸摸胡萝卜。她摸了摸，注意到它们变软了。父亲又让女儿拿起鸡蛋并打破它，将壳剥掉后，女儿看到的是一只煮熟的鸡蛋。最后，父亲让她喝了咖啡。品尝到香浓的咖啡，女儿笑了，她怯生生地问爸爸："爸爸，这意味着什么？"

父亲解释说："这三样东西面临同样的逆境——煮沸的水，但其反应各不相同。胡萝卜入锅之前是强壮的、结实的，毫不示弱，但经开水的洗礼之后，它变软了，变弱了。鸡蛋原来是易碎的，它薄薄的外壳保护着它呈液体的内部，但是经开水一煮，它的内部却变硬了。而咖啡粉则很独特，进入沸水之后，它们倒改变了水。"然后，他问女儿："哪个是你呢？当逆境找上门来时，你该如何反应？你是胡萝卜，是鸡蛋，还是咖啡粉？"

其实，我们都很富有，不要抱怨生活给你的太少。当你哭泣自己没有鞋子穿的时候，你会发现还有人没有脚。珍惜所拥有的，命运需要自己去创造，需要自己去呵护，每个人都能创造出人生中最美丽的风景！

停止抱怨是一种境界，人生应该拒绝抱怨；要知道抱怨是无济于事的，不利于解决问题，而且还会使问题变得更加复杂和更加消极。经常抱怨，很可能招致他人的反感和厌恶，并极易使自己沦为负面情绪的奴隶，进而遮住人生灿烂的阳光，阻断我们走向成功的道路。在过多的抱怨之后，如同面对自己的敌人，爱抱怨的人会觉得生活越来越不如意，处处跟自己作对。很少有人在面对困难、挫折、不幸、逆境时，首先想到自己陷入困境是自己的缺点或是自己做得不好所造成的。只有很少的一部分人，他们知趣，他们也会吸取教训，然后努力弥补因为自己的过失或是不小心而造成的损失。他们从来不怨天尤人，所以他们的生活尽管还会经历挫折和困境，但他们生活得很淡定，也很快乐！

处世智慧

◇直心是道场。

◇善结，无绳约而不可解。

◇停止抱怨是一种境界，人生应该拒绝抱怨，要知道抱怨是无济于事的。

知足常乐，才能逍遥自在

【聊天实录】

我：夫子，每个人对生活或者对他人都有一种期待，然而这种过高的期待往往会让自己感到失望，不能获得快乐，对此您认为，我们怎样做才能获得真正的快乐呢？

老子：我在《道德经》第四十六章中曾经说过：故知足之足，常足矣。意思就是说，所以知道满足的人才能得到满足。

我：夫子，您的意思是不是说，做人要知足，知足才能常乐呢？

老子：很对。做人应该知足常乐，这样才能逍遥自在，才能拥有更多的快乐。

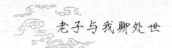

【淡定处世解读】 穷人和富人的不同境界

列夫·托尔斯泰说："俄罗斯人对于自己的财产从不满足，而对于自己的智慧却相当自信。"这就说明了知足的两重性。人们对于物欲的追求总会优越于精神的追求，在精神上的知足往往不能满足物质的需求，这与人类的第一需要必须是温饱有关。

老子说过："有所为才能有所不为。"换句话说，能知足才知不足。诸如，在物资匮乏的年代，我们会满足于一日三餐的粗茶淡饭，但我们深知，我们对于饮食的需求远不只这些，只要条件许可，我们就会要酒要肉，吃完了还想跳个舞。健康的心理应该是这样的：富有感恩心、爱心、同情心，并知足常乐。以宁静的心来品味生活的动荡，以平常心来对待周围的得失，以感恩心笑看人生的成败，以慈爱心面对众生的疾苦，以顽强心直面生活中情感、事业的挫折，热忱地投入到生活和工作中。

现实中，我们看到不少落得身败名裂的人正是因为欲壑难填、贪得无厌而走上犯罪道路的。看到这些人的犯罪事实，很多人都会由衷地感叹说："要是他早一点收手，大概也不会走到这一步罢了！"然而问题是，一旦受贪欲支配，又哪里会知足，哪里会收得住手呢？

"知足常乐"更不是平庸的表现，相反，倒是难得修炼成的德性，尤其是在我们这个物欲诱惑滚滚而来挡也挡不住的时代。人是应该有更高的追求，但这与知足并不矛盾，实现了一个目标后，可以准备下一个，但不能在这个还没实现时就想得更多，那就沦为了贪婪，事实上，知足才是最好的追求动力。

黄昏时分，一对卖烧饼的恩爱夫妻数着他们一天的收入，这一天比昨天又增加了两块钱，夫妻俩会心地一笑，人间的快乐尽在这一刻。而他们却不知在城市的另一端，却发生了一个很悲惨的事，也正是在这个黄昏，一个家财万贯的富翁，仅仅因为自己所持股票的面值下降了30个百分点而以饮弹自杀的方式结束了生命。其实，如果把这个富翁留下的不动产折合成现金，够那对卖烧饼的夫妻吃上几辈子的。

大千世界，忙碌着追逐名利的人不一定快乐，唯有家庭和谐快乐，并拥有健康的身体，才是人生最大的收获。可能每个人都想拥有更多的钱、更富裕的生活条件，这都是人之常情。但为了赚更多的钱，整天的劳累、高度的紧张，即使赚到更多的钱，人也是身心俱疲，又怎么会快乐呢？或许不足之心又迫使他们有了更高的追求，紧接着又要花更多的精力盘算怎么去赚更多的钱，欲望之心永远得不到满足，如此下来，终老的时候才发现自己好像只有跟钱打过很深的交道。所以，唯有提高自我素养，消除心计，才能免于卷入物物竞逐的斗争循环中，而知足常乐者一辈子都生活在满足和幸福中。"知足常乐"并不意味着不思进取，是说面对现实生活时需要有乐观的态度，而一个人能否快乐地生活，主要还是取决于他的生活态度。

人生中，生长于贫困之家与生长于富贵之家，人生中的得意与失意，都不可看得太重。如果以不义的手段取得财富和尊位，好像浮云一样，既不会长久，也不值得看重，这是先哲孔夫子的一番话。他还说：人都有利心，这是不可避免的，但是要去贫贱、求富贵都必须以是否符合"义"为前提，"重义"应该是人的本分，因为欲望是无止境的，如果不顾一切手段，谋求富贵，最后吃亏的还是自己。

荀子说：如果去争夺财货，而不知道辞让，只是商人盗贼罢了。以这样的姿态去挥霍自己的精力与生命，本身就是对生命的一种亵渎。

支离疏舒心顺意

南方楚国有一个人叫支离疏，他的形体是造物主的一个杰作，或者说是造物主在心情愉快时开的玩笑，脖子像丝瓜，脑袋形似葫芦，头垂到肚子上而双肩高耸超过头顶，颈后的发髻蓬蓬松松似雀巢，背驼得两肋几乎同大腿并列。然而支离疏却暗自庆幸，感谢上苍独钟于他，平日里乐天知命，舒心顺意，日高尚卧，无拘无束，替人缝衣洗服，簸米筛糠，足以糊口度日；当君王准备打仗，在国内强行征兵时，青壮汉子如惊弓之鸟，四散逃入山中，而支离疏呢，偏偏耸肩晃脑去看热闹，他这副尊容谁要呢，所以他才那样大胆放肆。

当楚王大兴土木，准备建造王宫而摊派差役时，庶民百姓不堪骚扰，而支离疏却因形体不全而免去了劳役。每逢寒冬腊月官府开仓赈贫时，支离疏欣然前去领取三斗小米和十捆粗柴，仍然不愁吃不愁穿。

然而，我们也要辩证地看待问题。要知道知足与不知足是一个量化的过程，我们不会把知足停留在某一个水平上，也不会把不知足固定在某一个需要上。不同的年代，不同的环境，不同的阶层，不同的年龄，不同的生活经历，知足与不知足总会相互转化。

在现今竞争激烈的环境中，消极应对激烈的竞争是不合理的，应鼓励积极进取的态度。但当竞争的过程中遇到挫折时，常常令人烦恼，此时千万不能钻牛角尖，以避免失去理智而做出后悔的事情。不妨以"知足常乐"的心态来看问题，使失落的心灵找到新的平衡点。知足常乐会帮助你及时调整心态，冷静地分析失败的原因，从而使你放开包袱，重获信心。阿拉伯有句谚语："把贪心除掉，你的脚镣就能打开。"

调适贪婪心理的最好办法就是要"知足"，对自己的目前境况感到知足，就不会有非分之想，"知足"就会感到"常乐"，也就能保持心理平衡，不会产生贪婪的心理了。有许多时候，我们不知道满足，甚至为了"了却君王天下事"，对生前身后的功名也期待颇多。对于前世，我们会埋怨父母没有把我们生养在富贵之家，对于后世，总是抱怨子孙们不能个个如龙似凤，但我们更多的不满足还是来自于自身。我们为什么会这样不知足呢？这其实是欲望的驱使，是幻想的冲动。如果把不知足归结为人类后天的变异，这有失公允，其实，不知足是一种最原始的心理需求，知足则是一种理性思维后的达观与开脱。

生活中，坚持自己的价值观、不用处心积虑地算计别人，懂得知足，那么你就会拥有真正而长久的快乐。知足是一种境界，知足的人总是微笑着面对生活，在知足的人眼里，世界上没有解决不了的问题，没有趟不过去的河，他们会为自己寻找合适的台阶，而绝不会庸人自扰，只要你把生存的起点放得低一些，就会做到知足而乐。

处世智慧

◇俄罗斯人对于自己的财产从不满足，而对于自己的智慧却相当自信。

◇如果去争夺财货，而不知道辞让，只是商人盗贼罢了。

◇把贪心除掉，你的脚镣就能打开。

心态平和，不争善胜

【聊天实录】

我：夫子，当今社会竞争非常激烈，在这种大环境下，很多人变得急功近利，有时候甚至还会不择手段谋求财富赢得胜利，对于这些，您是怎么看的呢？

老子：对于你说的这些，在《道德经》第七十三章中曾提到：天之道，不争而善胜，不言而善应，不召而自来，绰然而善谋。

我：夫子，这几句话应该怎样理解呢？您能说得更详细一些吗？

老子：当然可以。这句话其实就是说：大自然的规律，是不争而善于取胜，不说话而善于回应，不召唤而自动到来，行动迟缓而善于谋划。

我：夫子，您的意思就是心态平和地按照客观规律做事，不一味地去争强斗胜，往往能够取得胜利，对吗？

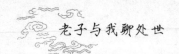
老子：你理解得很准确。要想淡定处事，就应该拥有平和的心态，做到不争善胜。

【淡定处世解读】 ～～ 一句话出处的争论 ～～

置身于浮躁纷繁的世俗空间，如果能够独具一份道家飘逸不凡的气度，不与人争，而是默默地全力以赴地"为"，能够真正拥有一个冷静思考、独立个性的"自我"，超然于物质诱惑之外，心静如水，那么，就能够达到一种超凡脱俗、悠然自得的境界。但这个世间总有一些蛮横无理、乐于争吵之人，亦有一些搬弄是非、颠倒黑白的人，与其相处，难免会遇到各种麻烦。怎样对待这种情况，这实在是一门大学问。

人能否始终保持心态平和和理智是非常重要的，因为人不可能不生气和发怒，关键是在生气和发怒时也能保持正常的心态是非常重要的，即使令你非常愤怒的时候也应该能够用理智控制自己的情感。

有一天晚上，理查德参加一个宴会，宴席中，坐在理查德左边的一位先生讲了一段幽默笑话，并引用了一句话，意思是"谋事在人，成事在天"。他说那句话出自《圣经》，但他错了。

理查德知道正确的出处，为了表现出自己的学识，理查德很不屑地纠正他。那人立刻反唇相讥："什么？出自莎士比亚？不可能。绝对不可能！那句话出自《圣经》。"他自信确定无疑。

宴会上还有理查德的一位老朋友弗兰克·格蒙，他研究莎士比亚的著作已有多年。于是，他们俩都同意向格蒙请教。格蒙听了，在桌下踢了理查德一下，然后说："理查德，这位先生没说错，《圣经》里有这句话。"

在回家路上，理查德对格蒙说："弗兰克，你明明知道那句话出自莎士比亚。""是的，当然，"格蒙回答，"《哈姆雷特》第五幕第二场。可是亲爱的理查德，我们是宴会上的客人，为什么要证明他错了？那样会使他喜欢你吗？为什么不给他留点面子？他并没问你的意见啊！他不需要你的意见，为什么要跟他抬杠？应该永远避免跟人家正面冲突。"

人的一生在历史的长河中仅仅是短暂一瞬，在社会迅速发展的今天，职业不再稳定，婚姻不再牢固，友谊难得永存，这一切犹如旋涡，或许让我们难以平静，心也会变得越来越浮躁。因此，我们要努力缔造自己平和的好心态，不消沉，不悲观，不孤傲，永不言弃，在孤独中思考，在喧嚣中沉静，在逆境中奋起。面对社会的巨大变革，我们要始终保持一种淡定的心态，冷静面对种种困难和挫折，以宽广的胸怀来包容一切，以平常心对待生活，进入心境旷达的境界，这样才能拥有一份真正属于自己的幸福。

公孙弘不争自明

汉代公孙弘年轻时家贫，后来贵为丞相，但生活依然十分俭朴，吃饭只有一个荤菜，睡觉只盖普通棉被。就因为这样，大臣汲黯向汉武帝参了一本，批评公孙弘位列三公，有相当可观的俸禄，却只盖普通棉被，实质上是使诈以沽名钓誉，目的是为了骗取俭朴清廉的美名。汉武帝便问公孙弘："汲黯所说的都是事实吗？"公孙弘回答说："汲黯说得一点没错。满朝大臣中，他与我交情最好，也最了解我。今天他当着众人的面指责我，正是切中了我的要害。我位列三公而只盖棉被，生活水准和普通百姓一样，确实是故意装得清廉以沽名钓誉。如果不是汲黯忠心耿耿，陛下怎么会听到对我的这种批评呢？"汉武帝听了公孙弘的这一番话，反倒觉得他为人谦让，就更加尊重他了。对没有的事情不置可否，事情终会有水落石出的一天，那时候你就可以得到更多人的尊敬。有了错误，承认了也没什么大不了，人家反而会觉得你品格高尚。

人生如潮水，有涨潮，必有落潮。金戈铁马，气吞万里如虎，是人生豪迈的

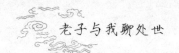

写照；闲云野鹤，古渡垂钓，亦不失为一种幽静的人生；青灯古佛，出家为僧，也并非就是低调消极的人生。无奈之下，鲁迅先生也曾说："躲进小楼成一统，哪管春夏与秋冬？"不也留下一段佳话吗？

现实中，人之所以在遭人谩骂、受人调唆时，常常会挺身而斗，以牙还牙，主要原因就在于自身缺乏镇静与反省的气度，是只知其然，而不去冷静思索所以然。倘若能反躬自问，发觉自己确有不虞之处，则知错能改，善莫大焉；或者，泰然处之，化干戈为玉帛，心存一点浩然之气，便可迎得快哉风，不为泼妇之怒骂、谗人之调唆而分心乱神，岂不是"潦水尽而寒潭清"吗？

在狭窄的十字路口，许多车辆挤在一起，互不相让把路堵得水泄不通。如果这时能有几辆车从中先退出来，或者调转车头另行择路，那么路将会畅通无阻。

人生也是一样，如果你能姿态高一些，眼光远一点，从长计议，不在一时一事上争长论短，那么就会感受到退一步海阔天空的惬意。人生的不快，不过是毫厘之得失，半步之短长，利与害也不过是一块硬币的正反面。其实，人就像天体中运行的星星一样，都有各自遵循的轨迹。每个人活在世上也有各自的生存空间和实际情况，谁也用不着过于在意别人的褒贬，也不要去干涉别人。不与人争，面上不争，心里也不争，只要以一颗平常心去善待周围的一切，就能坦然处之，融入于世。

处世智慧

◇躲进小楼成一统，哪管春夏与秋冬。

◇在孤独中思考，在喧嚣中沉静，在逆境中奋起。

◇人生如潮水，有涨潮，必有落潮。

知足不辱，知止不殆

【聊天实录】

我：夫子，现实中，每个人心中都有着很强的欲望，当欲望得到满足的时候，内心往往便也开始膨胀起来；而当欲望不能满足的时候，心中也是非常的不甘。面对这样的情况，您觉得怎样才能让内心淡定下来呢？

老子：根据你所说的，我在《道德经》第四十四章中曾提到：知足不辱，知止不殆。更清楚地说，就是知足，就不会受到屈辱；知止，就不会遇见危险。

我：夫子，您的意思是说：当拥有的物品不能再多的时候，就要学会停止，如果依然不知道满足，放纵欲望，无休止地追逐声色名利，最终就会受到私欲的毒害，我这样理解对吗？

老子：很对。人生在世要想让自己能够久安，面对自己的欲望的时候，就要学会知足知止。只有这样，人的内心才能平静、淡然。

【淡定处世解读】　　富翁和渔夫

俗话说："人比人气死人。"每个人与他人相比，永远都会有不如别人的地方，但人不可能各方面占全，各人有各人的命和运，不可强求。同一件事用不同标准来看、从不同角度来看有很大的不同，因此调整心态是很重要的。事情都要在"该"的时候才能成功，人的期望不是必定、随时会实现的，如果能以"尽人事，听天命"的心态看待事情，多看事情的两面，感觉会好很多。曾经有一个关于富翁和渔夫的故事，说的就是这个道理。

有个去海岛度假的富翁劝诫一位同在海边晒太阳的渔夫多去打些鱼，渔夫问："为什么要辛苦呢？"富翁说："这样能慢慢买一条大船，再努力攒上一大笔钱。"

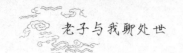

渔夫又问："那又能怎么样呢？"富翁说："然后你就可以在海边悠闲地晒太阳啦!"于是，渔夫就反问富翁："我已经在晒太阳了，为什么还要那样做呢？"

在生活中应该多些知足，因为多一分知足，就多一分快乐。知道适当的满足，有助于人们稳定心态，从而在自己的岗位上有所成就。工作上有了成就，自然会给自己带来快乐。唐朝诗人李白在对酒时吟唱"人生得意须尽欢，莫使金樽空对月"的佳句，被人们千古吟诵。知足，懂得适可而止，不过分追求，这样的人生才能"常乐"。

胡九韶安贫知乐

胡九韶，明朝金溪人，他的家境很贫困。他一面教书，一面努力耕作，仅仅可以衣食温饱。每天黄昏时，胡九韶都要到门口焚香，向天拜九拜，感谢上天赐给他一天的清福。妻子笑他说："我们一天三餐都是菜粥，怎么谈得上是清福？"胡九韶说："我首先很庆幸生在太平盛世，没有战争兵祸。又庆幸我们全家人都能有饭吃，有衣穿，不至于挨饿受冻。第三庆幸的是家里床上没有病人，监狱中没有囚犯，这不是清福是什么？"

生活的追求是无止境的，如果快乐是建立在物质享受上，那总会感觉生活里尽是美中不足。就算有再好的享受，也不能让人永远感到幸福，反而容易使人疲倦，再好的美食，也会让人生腻。如果不满足平常的粗茶淡饭，什么都要追求高品位，那生活里就很难得到满足，烦恼也就随之而来。人每天都要吃饭，但如果只惦记着人间绝少的美味，当前的饭食就会淡而无味，这不是自寻烦恼吗？

有些人总觉得自己是世界上最不幸的人：家庭不富裕，生活标准不高，工作不顺利，亲人不关切，相貌不好，身材不好……客观现实令自己生活得很不开心，觉得只要达到一定标准，自己就会满足了，感觉就会幸福了。其实，不知道珍惜现有的，过分地追逐名利，势必招来灾祸和不幸。好名之人必为虚名所苦，重利之人必为贪利所困。知足常乐各才会欣赏人生，品味出人生的美好。知足常乐者能尝出白开水的甜味，能看到碧天浮云的闲情，能闻到田野的花草清香，能听到和风细雨的滋润。

❧ 不知止的寻宝人 ❧

有一个人去寻宝藏，历尽千辛万苦终于找到。他小心翼翼地进了山洞，看到里面有个宝瓶，宝瓶上贴着一张字条，写道："打开瓶盖，里面就会冒出金沙，请在取到足量的金沙后把盖子盖上。"这人欣喜若狂，打开了瓶盖，果然金沙就像礼花炮一样飞射而出，金光灿烂，就像做梦一样。

"发大财了！"这人用袋子装、用帽子接、用衣服兜、用双手捧，甚至鞋子里面也盛满了金沙。宝瓶里的金沙如喷泉般涌出，越喷越多，渐渐地这人没东西装了，金沙从他手上溢出……但他还是一动不动地跪在地上捧着手接。他太高兴了、疯狂了、太痴迷了，只顾欣赏金沙狂涌的美景，忘了宝瓶上的告诫："请在取到足量的金沙后把盖子盖上。"最后，他被埋葬在了金沙堆里。很多人就像这个寻宝的人一样"不知足"、"不知止"，结果一无所获甚至葬身于此。

"知足者富，强行者有志"。人生的个体欲望是无法获得满足的，而能否获得富足生活并不完全在于努力的成功与否，大量未卜先知、外在的、不可捉摸的因素决定着努力和成败。知足是一种境界，它不在于身外获得多少，而在于内心感受如何，不知足的人即使拥有金山银海，亦不会感到生活富有；知足的人则只要得到了粗衣疏食，心理上便已感到满足。人的生命必然走向死亡，所以，我们对待个人的一切，以一种平和的心态，以一种知足的态度，就会使我们的人生变得更加富有。

"知足知止"用在人们的创业之路上，更多地表现为"该放手时就放手"的智慧。许多创业者曾盲目地坚信"胜利往往来自再坚持一下的努力之中"，结果把企业成本一压再压，甚至连个人的生活都逼到了边缘，最终的结果还是被迫放弃。其实，创业是为了"第一桶金"，而这第一桶金子出自哪个项目并不重要。商场上的机会比比皆是，只要你有心，放弃一个项目，肯定还会找到另一个项目。放弃并不等于抛弃，只要不是一败涂地，完全有可能东山再起，以另一种方式重新开始。成功创业者当中很少有人是在最初的项目上一次成功的，大多都尝试了很多项目。而每一次尝试都意味着对上一次的放弃，大多数的创业者在这种选择与放弃中，找到了适合自己的项目，实现了梦想。

"知止而后得，不止而后失"，说的就是这种"知足知止"、"该放手时就放手"的智慧。这种智慧表面上看似是一种中庸之术，然而它却能使人们正确地对待欲望与现实，让人们能够享受到属于自己的那份幸福。我们每个人都有欲望，而欲望太多，人生就会变得疲惫不堪。每个人都应学会轻载，这样，我们才能够做到淡定地面对一切外在的诱惑。

处世智慧

◇人比人气死人。

◇知足不辱，知止不殆。

◇知止而后得，不止而后失。

乐看人生起伏，笑对人生得失

【聊天实录】

我：夫子，生活在这个现实的社会中每个人都会面对得失这个问题，您认为我们应该以怎样的心态来面对这些呢？

老子：针对你说的这个问题，在《道德经》第四十四章中曾经提到："名与身孰亲？身与货孰多？得与失孰病？是故甚爱必大费，多藏必厚亡。"
这句话就很好地回答了你提出的问题。

　　我：夫子，您能说得再明白通俗一些吗？

　　老子：其实，这句话的意思就是名誉、名声和生命到底哪个更重要
呢？自身与财物相比，何者是第一位的呢？得到名利地位与丧失生命相
衡量起来，哪一个是真正的得到，哪一个又是真正的丧失呢？所以说，
过分追求名利地位就会付出很大的代价，有庞大的储藏，一旦有变则必
然是巨大的损失。

　　我：夫子，您的意思是说，当我们面对得失的时候，不应该去斤斤
计较，这样才能做到内心淡然，对吗？

　　老子：你说得很对。面对生活中的得失，要知道不要太斤斤计较，
能乐看人生起伏、笑对人生得失这样才能处世安乐。

【淡定处世解读】　　**失去的会以另一种形式降临**

　　老子的话极具辩证法思想，告诉我们应该站在一个什么样的立场上看得失的
问题。也许一个人可以做到虚怀若谷，大智若愚，但是一旦觉得自己在遭受损失，
渐渐地就会心理不平衡，于是就会计较自己的得失，再也不肯忍气吞声，一定要
分辩个明明白白，结果朋友之间、同事之间是非不断，而所想到的也照样没有得
到，这是失的多还是得的多呢？

　　怎样面对人生的得与失是一门深奥的学问，害怕失去的人可能永远也得不到，
只有舍得放下的人才能得到别人无法得到的东西。只有乐看人生起伏，笑对人生
得失，人生才会早日从阴霾中走出，向胜利迈进。

　　恩格斯在21岁那年曾失恋过一次，他在自己的日记中写道："还有什么比
失恋更崇高的痛苦——爱情的痛苦更有权利向美丽的大自然倾诉！"他果然去向

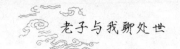

大自然倾诉，他越过阿尔卑斯山，又到了意大利，很快在大自然的怀抱中医治好心灵的创伤，达到了心理的平衡。

文学巨匠歌德才华出众，他一生经历了十几次恋爱，每次他都全心地投入，把自己的全部热情奉献给对方，但每次都未取回感情"投资"的回报。每次当他意识到爱情已面临破灭的边缘，有可能给对方带来不幸时，他就立即从对方身边离开，不给对方带来痛苦。

23岁那年，他深深地爱上了一个叫夏洛蒂的少女，他不知道她已经有了未婚夫。歌德又一次遭受沉重的打击，只好默默地离去。这已经是他第5次失恋了，为此他痛苦之极，把一把匕首放在枕头底下，几次想到自杀，但终究还是下不了手。后来，他把全部精力投身到文学创作中去，及时以工作热情补偿感情上的失落，以事业的成功补偿失恋的痛苦，及时地挽救了自己。

当然，我们在这样并不是说人只有经历失恶才能有所成就，而是说在而对失去的时候，应该以怎样的心态来面对。

生活中，得到固然令人欣喜，失去却也使人伤心。得到的时候，渴望就不再是渴望了，于是得到了满足，却失去了期盼；失去的时候，拥有就不再是拥有了，于是失去了所有，却得到了怀念，连上帝都会在关了一扇门的同时又打开一扇窗，得与失本身就是无法分离：得中有失，失中又得。

希拉克不计得失解围

1993年夏天，"白水事件"让克林顿和希拉里的形象受到严重损害，甚至有舆论抨击说希拉里并不是一个无私地为公众服务的第一夫人，而是追逐金钱和权力的女人。面对种种恶意攻击，希拉里并没有愤怒以待，而是一直心平气和地忍受着。直到1994年4月份，希拉里主动打破了这种沉默，在白宫国宴厅召开记者招待会，就外界关于克林顿任阿肯色州州长期间的种种猜疑给予了答复。在整个记者招待会中，希拉里都心平气和、从容不迫地回答问题，这给媒体和公众留下了深刻的印象，而希拉里在这期间所表现出来的替自己和克林顿解围的魄力也让他们最终度过这场政治危机。

当我们在得与失之间徘徊的时候，只要还有抉择的权利，我们就应当以自己的心灵是否能得到安宁为原则。只要我们能在得失之间做出明智的选择，我们的人生就不会被世俗所淹没。

生活中，我们不要做患得患失之人，不要做锱铢必较、追名逐利之徒。面对得失我们一定要有清醒的头脑，不要把得失看得太重，在得的后面，可能潜藏着失，只有那些短视的人，才只顾眼前利益，看不见利益背后的隐患；而失的后面也有可能潜藏着得，只不过有的人因为目光短浅对此不做深入分析，只看到是一种失，便避之唯恐不及，从而与"失中之得"擦肩而过。过于注重个人的得失，会使一个人变得心胸狭隘，斤斤计较，目光短浅。而一旦将个人利益的得失置于脑后，便能够轻松对待身边所发生的事，遇事从大局着眼，从长远利益考虑问题。中国历史上很多先哲都明白得失之间的关系，他们看重的是自身的修养，而非一时一事的得与失。

张率不计得失收人心

南朝梁人张率，12岁时就能做文章。天监年间，担任司徒的职务，在亲安的时候，他曾派家中的仆人运3000石米回家，等运到家里，米已经耗去了大半。张率问其原因，仆人们回答说："米被老鼠和鸟雀损耗掉了。"张率笑着说："好大的鼠雀！"后来始终不再追究。

张率不把财产的损失放在心上，是他的为人有气度，同时也看出来他的作风。粮食不可能被鼠雀吞掉那么多，只能是仆人所为，但追究起来，主仆之间关系僵化，粮食还能收得回来吗？粮食已难收回，又造成主仆关系的恶化，这不是损失

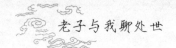

得更多、更大吗?

月亮即使有缺,也依然皎洁;人生即使有憾,也依然美丽。不舍弃别人都有的,便得不到别人都没有的。会生活的人失去的多,得到的更多,只要这样一想,你就会有一种释然顿悟的感觉。人在大的得意中常会遭遇小的失意,后者与前者比起来,可能微不足道,但人们却往往会怨叹那小小的失,而不去想想既有的得。

每一种生活都有它的得与失,正如俗话所说:"醒着,有得有失;睡下,有失有得。"所以我们应该正视人生的得失,要知道世间之物本来就是来去无常,所以得到的时候要懂得珍惜,失去的时候也不必无所适从。

正确地看待个人的得失,不患得患失,才能真正有所得。人不应该为表面的得到而沾沾自喜,不要为虚假的东西所迷惑。失去固然可惜,但也要看失去的是什么,如果是自身的缺点、问题,这样的失又有什么值得惋惜的呢?

处世智慧

◇乐看人生起伏,笑对人生得失。

◇醒着,有得有失;睡下,有失有得。

◇不要做患得患失之人,不要在生活中计较太多,不要做锱铢必较、追名逐利之徒。

祸莫大于不知足,咎莫大于欲得

【聊天实录】

我:夫子,在这个物欲横流的社会当中,很多人心中都充斥着贪欲,也正是贪欲使得人们最后自食苦果。对于这种现象和事实,您怎么看呢?

老子：对于你说的这个问题，我在《道德经》第四十六章中曾提到：祸莫大于不知足，咎莫大于欲得。

我：夫子，对此您能解释得更详细一些吗？

老子：这句话的意思就是：天下最大的祸患莫过于不知足，最大的罪过莫过于贪得无厌。

我：夫子，您的意思是说，世间万物能知足就安乐，贪婪必定招祸甚至身亡，人生之祸大多是由于不知足而引起的。这样说，对吗？

老子：你说得很对，祸莫大于不知足，咎莫大于欲得。在贪欲面前，只有懂得知足，才能免于祸患。

【淡定处世解读】　　　"贪污之王"和珅之死

人的欲望有如无穷的沟壑，因而得寸进尺，得陇望蜀。一个贪得无厌的人，你给金银他还怨恨得不到珠宝，你封他县令他还怨恨你没封他宰相，即使是做了宰相，他还想当皇帝。为了满足贪欲，他势必利令智昏，敲诈勒索，虚伪欺骗，进而不择手段，残害无辜，最后自掘坟墓，自酿苦酒。

富贵寿善，美味佳肴，声色犬马固然常使人快乐，然而为了得到这些，得到了为了保住这些或唯恐失去这些，人们必然劳神累心，思虑不已，以致寝食难安，如此又有什么快乐可言？追求金钱财富的人，在财富到手以后仍然能从财富中找到乐趣的人，实在是微乎其微，相反它有时还会给人带来麻烦与灾祸。道家教人用知足知止和随顺自然的心态来看待富贵与贫贱，富贵来了不必惊喜忘形，富贵去了也不必悲哀落魄。不必为了富贵而患得患失，使自己活得又苦又累，更不能为了贪恋富贵而违背道德，使自己成为千古罪人。

清乾隆年间最风光的大臣非和珅莫属，和珅的一生是非常成功的。他由起初的一名默默无闻的三等侍卫，成长为一名皇帝身边的红人，不论说他会拍马溜须也好，有真才实学也罢，总的来说他是成功的。乾隆在位时，他可谓呼风唤雨，乾隆对于他的贪污之事并非全不知晓，然而由于对他非常宠爱，也就睁一眼闭一眼了。

和坤之死，一是与乾隆退位有关，另一个就是他过于贪得无厌。据查抄时记载：他的家产中包括了无数的奇珍异宝，有的甚至皇宫里都不曾拥有。他的家产折合了两亿六千四百万两白银，还有许多价值连城的宝物无法估价。如果按现在的估价一算，大概和坤拥有十一亿多两白银的资产，简直富可敌国。

这么多的资产是和坤不知疲倦、不知休止地贪污而来的，也可以说，是这些资产加速了和坤的灭亡，成为他的催命符。"知足知止"是明智之举，尽管这样不会得到很多，然而可以让我们拥有某些实在的东西，更不会为了无底的欲望而丢掉性命。

贪婪的羊

在澳大利亚，有一片名叫"Springbook"的草原，那里的草长得特别美，所以那里的羊群发展得特别快。而每当羊群发展到一定的限度，就会出现一种非常奇怪的现象：走在前面的羊群总能够吃到草，而走在后面的总是只能吃剩下的，于是后面的羊群在前面羊群吃草的时候，就会拼命地跑到队伍的前面。就这样，羊群为了争夺食物，都不愿意落在后面，这样草原上就形成了一个非常壮观的场面，羊群都朝着一个方向不停地奔跑。草原的尽头有一片悬崖，羊群跑到悬崖边缘也全然不去理会，于是整群的羊就往悬崖下跳……

一开始，羊只是为了贪吃一点青草，但为了争夺这一点青草，最后却贪"吃"了自己。当贪念开始升起时，别忘了提醒自己，贪念会把你带到悬崖。

古人有云："欲望如海水，越喝越渴。"欲望过多时，如不加以制止，便成了贪婪。贪婪并非是先天性的，主要原因是个人在后天环境中形成的自私，谋取不满足的价值观而出现的一种不正常行为。贪婪是一种顽疾，人们极易成为它的奴隶，变得越来越贪婪。贪婪是一切罪恶之源，贪婪能令人忘却一切，甚至自己的人格；贪婪令人丧失理智，做出愚昧不堪的行为。因此，我们应当采取的态度是：远离贪婪，适可而止。

贪酒而身死的猩猩

明清时期，人们有一种衣服是用猩猩绒制成的。这猩猩绒就是用猩猩的血染成的红绒，颜色鲜艳永不褪色。要想染猩猩绒必须先逮住猩猩杀了它才行，这却不是一件易事，猩猩生性凶猛，力气很大，皮毛坚厚，可谓刀枪不入。但是猎人们发现猩猩有一个弱点，喜欢喝酒穿木屐，猎人就将木屐摆放在它们所要经过的道上，将烈酒放在旁边。猩猩闻到酒香，见到木屐，知道是引诱自己，便破口大骂，并互相告诫不要上当，拉着同伴边骂边走。可是，走了以后又舍不得离去，过一会儿又回来看看，边看边骂，骂毕又走开。如此几次后，它们就互相商议，何不去尝一尝呢？只要不喝醉就行了，尝一两口总还是可以的吧。可是，等到喝了一口之后，酒香就迫使它们再往下喝，起初的警戒心理一下子全没了，一个个都变得贪婪起来。结果，一仰脖子将所有烈酒喝个精光，不一会儿就醉得似一团团烂泥。猎人走出来，轻松地将它们上了绑，接下去，它们能做的只有"舍命献血"了。

从这个例子中，我们不难看出不知足所带来的苦果。如果这些笨猩猩真能"尝一尝"就放下，那么喝点酒也未尝不可。但是，它们喝了一口还想喝第二口，喝了第二口又想喝第三口，最终难以自拔。

也许有人会说，人不比动物，猩猩没有人的理智。其实，人与动物都是类似的，如果自己被无止境的私欲所裹挟，也会像猩猩一样乐而忘忧，丧失应有的警惕之心。这一点，看一看当今受到法律严惩的不少贪官你就会明白。

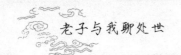

不少贪官原来也是相当优秀的青年，也过过苦日子，但是他们当官有权之后，与金钱美女接触多了，与灯红酒绿打交道多了，就开始忘乎所以起来，最后走上了犯罪的道路。其实，理智也早已经告诉了他们，这样做是没有什么好下场的，但是这种人一旦陷于私欲，就难免像那些猩猩一样，难以自拔，最终身败名裂。

"知足常乐"这个道理容易明白，然而要做到这一点却非易事。人往高处走，水往低处流，谁不想生活、工作条件好些，精神安逸些呢？想归想，却未必都能满足。在各种理想、愿望，甚至连小小的打算都未能成为现实的时候，你就要学会承认和接受现实，并且不消极、不失望，自己寻找心理平衡。在这里，比较法很管用，通过比较你就会发现"别人骑马我骑驴，后边还有跑腿的"。通过比较，你的心灵自然就会得到一定程度的满足。到时候，你会倍加珍惜现在你所拥有的，你会觉得快乐就在淡泊清静之中。

"知足者常乐"，不知足的人常常会因为欲望无法得到满足而心生闷气，郁郁寡欢。其实你发火也好，生闷气也罢，只是作为当事人的你并没有找到事情根源罢了。事情的根源无他，在于你无尽的欲望。你的欲望很多，可是总得不到满足，于是这些欲望慢慢地在你的心底积淀下来，并且会时不时地爆发一下，爆发自然就会让你觉得情绪不好。你要做的就是学会在今后的生活中调整好自己的心态，淡泊名利，不为得失所动，只有这样，才能避免因贪欲而给自己带来祸患。

处世智慧

◇祸莫大于不知足，咎莫大于欲得。

◇欲望如海水，越喝越渴。

◇人的欲望有如无穷的沟壑，因而得寸进尺，得陇望蜀。

得失常挂心，宠辱留心惊

【聊天实录】

我：夫子，人生当中，有得意风光的时候，也会有失意落魄的时候。在这个过程中，往往就会想到自身的荣辱问题。面对人生的荣辱，您是怎样看待的呢？

老子：关于你说的这些在《道德经》第十三章中，我曾说到：宠辱若惊，贵大患若身。

我：夫子，这句话应该怎样去理解呢？您能解释得更清楚一些吗？

老子：这句话就是说，得失名利的心太重，受宠受辱都会感到惊恐。畏惧祸患的心太重，也会常常惊恐不定，身心不宁。宠代表利益，辱代表灾祸；得到灾祸会恐惧，一心想远离；得到利益也会恐惧，因为不知何时会失去。因此，得到也心惊，失去也心惊，这就叫作"宠辱都会让人心惊"。

我：夫子，按照您的说法，如果想让自己的内心坦然、淡定，是不是就要做到不计得失荣辱呢？

老子：对，得失常挂心，宠辱留心惊。只有不去计较个人的荣辱得失，才能做到宠辱不惊，内心自在。

【淡定处世解读】　　　🐚 **孙叔敖宠辱不惊** 🐚

"苍天如圆盖，大地似棋局。世人黑白分，往来争荣辱。荣者自安安，辱者定碌碌。南阳诸葛生，高眠卧不足。"这是诸葛亮高卧隆中时写的小诗，一语道尽世人心态。

官场少有常青树，财富总有用尽时，若练得宠辱不惊，去留无意的功夫，又怎会有凄凉与悲哀的心境出现呢？世人都喜好荣华，厌恶蒙受屈辱，但这都是个人的命运与际遇，不是人力所能强为，所以，人对于得失应淡然处之，是所谓"宠辱不惊"。

泰山之神肩吾问孙叔敖："三次出任令尹却不显出荣耀，你三次被罢官也没有露出忧愁的神色，起初我确实不敢相信，如今看见你容颜是那么欢畅自适，你的心里究竟是怎样的呢？"

孙叔敖说："我哪里有什么过人之处啊！我认为官职爵禄的到来不必去推却，它们的离去也不可以去阻止。我认为得与失都不是出自我自身，因而没有忧愁的神色。况且我不知道这官爵是落在他人身上呢，还是落在我身上？落在他人身上，那就与我无关；落在我的身上，那就与他人无关。我正心安理得悠闲正在，我正踌躇满志四处张望，哪里有闲暇去顾及人的尊贵与卑贱啊！"

"宠辱不惊，去留无意"，是人生的至高境界。有了这种境界，便会宽广豁达，心旷超然，有了这种境界，即使在失意或困境中，也不会被凄凉与悲哀的心境所久久笼罩，从而依然有洒脱乐观。

人生在世，很多时候宠辱得失并非为自己所能轻易控制的，要做到宠辱不惊，需要有看淡世事的胸怀。或许受宠时，做到淡然处之还算容易；而受辱时，要做到处之泰然则很难，只有胸襟宽广的人才能做到。陶渊明式的魏晋人物之所以有如其诗所云的豁达风流，就在于不以物喜，不以己悲，才可以用宁静平和的心境写出那洒脱飘逸的诗篇。而这一精神发挥到极致的是唐朝的武则天，死后立一块无字碑，千秋功过，留与后人评说，一字不着，尽得风流。这正是另一种豁达，另一种宠辱不惊、去留无意。然而，宠辱不惊，去留无意，说起来容易，做起来却十分困难。

后羿心存荣辱失手

从前有一位神射手，名叫后羿，他练就了一身百步穿杨的好本领，立射、跪射、骑射样样精通，而且箭箭都射中靶心，几乎从来没有失过手。人们争相传颂他高超的射技，对他非常敬佩。

夏王也从左右的嘴里听说了这位神射手的本领，也目睹过后羿的表演，十分欣赏他的功夫。有一天，夏王想把后羿召入宫中来，单独给他一个人演习一番，想尽情领略他那炉火纯青的射技。

于是，夏王命人把后羿找来，带他到御花园里找了个开阔地带，叫人拿来了一块一尺见方、靶心直径大约一寸的兽皮箭靶。夏王用手指着说："今天请先生来，是想请你展示一下精湛的本领，这个箭靶就是你的目标。为了使这次表演不至于因为没有竞争而沉闷乏味，我来给你定个赏罚规则。如果射中，我就赏赐给你黄金万两；如果射不中，那就要削减你一千户的封地，现在请先生开始吧。"

后羿听了夏王的话，一言不发，面色变得凝重起来。他慢慢走到离箭靶一百步的地方，脚步显得相当沉重。然后，后羿取出一支箭搭上弓弦，摆好姿势拉开弓开始瞄准。

想到自己这一箭出去可能发生的结果，一向镇定的后羿呼吸变得急促起来，拉弓的手也微微发抖，瞄了几次都没有把箭射出去。后羿终于下定决心松开了弦，箭应声而出，"啪"的一下钉在离靶心足有几寸远的地方。后羿脸色一下子白了，他再次弯弓搭箭，注意力更不集中了，射出的箭也偏得更加离谱。

后羿收拾弓箭，勉强赔笑向夏王告辞，悻悻地离开了王宫。夏王在失望的同时掩饰不住心头的疑惑，就问手下："这个神箭手后羿平时射起箭来百发百中，为什么今天跟他定下了赏罚规则，他就大失水准了呢？"

手下解释说："后羿平日射箭，不过是一般练习，在一颗平常心之下，水平自然可以正常发挥。可是今天他射出的成绩直接关系到他的切身利益，叫他怎能静下心来充分施展技术呢？看来一个人只有真正把赏罚置之度外，才能成为当之无愧的神箭手啊！"

聪明的人对一切事物的态度是无可无不可，宠辱不惊，当如古人阮籍所说"布衣可终身，宠禄岂足赖"，一切都不过是过眼烟云，荣誉已成为过去时，不值得

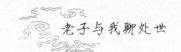

夸耀，更不足以留恋。另一种人，也肯辛勤耕耘，但却经不住玫瑰花的诱惑，有了点荣誉、地位，就沾沾自喜，飘飘欲仙，甚至以此为资本，争这要那，不能自持。

一个人只有做到了宠辱不惊，方能心态平和、恬然自得，方能达观进取、笑看人生。著名的社会活动家、杰出的爱国宗教领袖赵朴初同志遗作中写道："生亦欣然，死亦无憾。花落还开，水流不断。我兮何有，谁欤安息。明月清风，不劳牵挂。"这正充分体现了一种宠辱不惊、去留无意的达观、崇高的精神境界。

"宠辱不惊，看庭前花开花落；去留无意，望天空云卷云舒。"是真英雄自洒脱，是真名士自风流！在花开花又落、花落花又开的周而复始中，笑看人生，笑看起伏，成不骄、败不馁，宠不乐、辱不怒，视名利钱财如宇宙尘埃，视喜怒哀乐如花开花落，视富贵贫穷如云卷云舒，昂起头，唱自己的歌，走自己的路，快乐着自己的快乐，又怎会有凄凉与悲哀的心境出现呢？

处世智慧

◇苍天如圆盖，大地似棋局。世人黑白分，往来争荣辱。荣者自安安，辱者定碌碌。南阳诸葛生，高眠卧不足。

◇宠辱不惊，去留无意。

◇布衣可终身，宠禄岂足赖。

难得糊涂，内心轻松

【聊天实录】

我：夫子，生活中，总会有人因为一些事情而内心烦躁，有的甚至是没有必要争论和计较的小事儿。针对这样的情况，您认为怎样做才能让自己的内心平静一些、淡定一些呢？

老子：你说的这种情况，我在《道德经》第二十章中曾经提到："俗人昭昭，我独昏昏。俗人察察，我独闷闷。"这句话可以告诉你应该怎样做。

我：夫子，能将这句话用通俗的语言解释一下吗？

老子：好的，这句话的意思就是世俗之人都聪明自炫，只有我愚钝笨拙。世俗之人都严苛明察，唯独我这样敦厚淳朴。

我：夫子，听完您的解释我有些明白了，您的意思是说，人应该学会难得糊涂，这样才能让自己的内心轻松起来，对吗？

老子：你理解得很对，一个人做到了难得糊涂，就会看淡很多事情，这样，内心自然就会很轻松、很淡然。

【淡定处世解读】 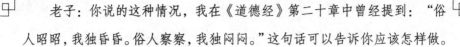 装装糊涂，内心更坦然

王先生去表妹家做客，表妹未归，王先生就和表妹夫小朱先聊起来。一会儿，门开了，表妹气嘟嘟地走进门，脸上阴得很重，皮包往沙发上一摔，坐在那儿，闷不吭气。

"怎么了？"小朱轻声细气地靠近。

"怎么了？"表妹别过脸去，"问你自己！你今天真是让我丢够了脸，当着一大堆同事的面，我真想找个洞钻进去。"表妹气恼地说。

小朱一脸不解地问："我跟我们处长到你公司参观，怎么会丢你的脸呢？正因为我是处长面前的红人，他才会带我去，他怎么不带别人呢？而且，你要想想，处长不去别的厂参观，为什么专找你们工厂，还不是我介绍的？你们工厂，从上到下，如果做成这笔生意，应该感谢我，也就是感谢你才对，怎么反而说让你丢脸呢？"

表妹听了这话，小脸更加面若冰霜，说："当然丢脸！你还没去，我就跟老板和同事说了，说你是同系的师兄、高才生，也是这方面的专家……可是呢？你

看你那个熊样。你跟在你们处长旁边，一副一问三不知的样子，明明你最懂的技术，根本可以由你介绍，你为什么不说话，还不断问你处长，他懂个屁！"

"他懂个屁？"小朱停一下，和王先生相视而笑，王先生走过拍拍表妹的肩说："他也是学这个的，就算过时了，他总是处长啊！"

"他总是处长啊！"这句话道出了真谛。

这个以幕僚姿态站在长官身后，不显示自己的小朱，懂得了做人的三昧。如果处长完全是外行，由内行代为解说，那自然无话可说。但是，当自己的主管也是内行人的时候，抢在前面说话，不但是抢风头，而且表现了"我比你内行"的气势。

在这个时候，最聪明也最有效的办法就是装糊涂了，把功劳在不知不觉中让给上司，这样的糊涂才是真聪明。"聪明"是个很值得玩味的词，它既有"脑子好"、"反应快"、"思维敏捷"的含义，也隐含着"不稳重"、"浮躁"、"爱表现"的意思。这个词用在成年人身上，常常不是褒义的。

糊涂是一种淡定处世的心态。世上许多事，本没有搞那么清楚的必要，得过且过，偶尔糊涂几下又有什么大碍呢？郑板桥的一句"难得糊涂"流传至今，成为众多人的座右铭。任何事情，拿得起放得下，堪称悟透了人生。聪明的人往往拿得起放不下，身枯力竭仍在拼命。难得糊涂，方是人生佳境。凡事较真的人，往往会输得比较惨。

难得糊涂的处世之道

在东方，中国有盘古开辟天地之说，有夸父身化万物之说，说明世界原本是混沌一片，无所谓天与地，亦无所谓有真假；现代科学也论证了，最初的地球上没有空气与生命，最原始的生命体在雷电中产生，在海洋中生存发展，而后才进化成现在这样的大千世界。

人类社会的发展也是从混沌空间走向明晰和精确：数字逻辑的严密、物理化学的缜密实验和论证、仪器仪表的精确完美。但就在这精确与严密中，人们发现了人生的苍白与无奈，连人也成了一部精确的机器，凡事斤斤计较，凡事追求因果必然多烦恼。

不仅如此，"精确"本身就很模糊，人们认识到"精确"的无限，于是转而研究模糊，这反映了人类认知过程的巨大转变和飞跃，混沌学、模糊理论顺势而产生了。人们高兴地发现，精确远不如模糊更符合事物的本原，而且这门科学亦开始应用于洗衣机、电脑信息产业等领域，前景广阔。由此可见，人类的总体认知过程，包括世界本身恰似一螺旋：从混沌开始，归于混沌，中间走过了数字和精确，科学返璞归真。天道人事，从终极意义而言，无不归于混沌，归于糊涂。

历史发展到今天，呈现出纷繁复杂、变幻万千的万花筒般的景象，在这样光怪陆离的大千世界里，很多人处在事业未竟的悲哀、爱情失败的痛苦、人际关系复杂的苦恼与管理头绪的混乱之中，世界虽未走到尽头，但失望、沮丧的情绪却笼罩了这个纷乱的世界，于是乎，"难得糊涂"的书法作品四海泛滥，糊涂的学问五洲尊奉。然而，对于糊涂学这一古老的命题阐释，正可谓"百家争鸣"、各有千秋。其实，糊涂学并非神秘的高深莫测的学问，可以说，它是人生随处可见的学问，回望我们祖先所创造的灿烂的传统文化，他们早已为我们解决了这个困惑，提供了各有侧重而又相互贯通的答案。

儒家说："'限我'是糊涂。"

道家说："'无我'是糊涂。"

佛家说："'忘我'是糊涂。"

兵家说："'胜我'是糊涂。"

每个人对于糊涂，都有不同的理解，每个人也会悟到不同的真谛。

老子曾说："君子盛德，容貌若愚。"这里的盛德是指"卓越的才能"，整句话的意思是，那些才华横溢的人，外表上看与愚蠢笨拙的普通人毫无差别，无论是谦虚还是谨慎，可能会让不少人觉得是消极被动的生活态度。实际上，倘若一个人能够谦虚诚恳地待人，便会赢得别人的好感：若能谨言慎行，更会赢得人们的尊重。老子还说："不自见，故明；不自是，故彰；不自伐，故有功；不自矜，故长。"这句话的大意是，一个人不自我表现，反而显得与众不同；一个不自以为是的人，会超出众人；一个不自夸的人，会赢得成功；一个不自负的人，会不断进步。相反的，老子告诫世人："企者不立，跨者不行。自见者不明，自足者不彰，自伐者无功，自夸者无长。"而如果一个人锋芒毕露，一定会遭到别人的嫉恨和非议，甚至引来杀身之祸。

糊涂是大智若愚、宽怀忍让；是大勇若怯，以柔克刚；是处事不悖，达观权变；是外乱内整，内精外纯；是有所不为，而后有为；是宠辱不惊，是非心外；是得意淡然，失意泰然；是宽容忍让，不计前嫌；是不为物喜，不为己悲；是乐天知命，顺应自然；是淡泊名利，知足常乐；是与世无争，宁静致远；是居安思危，未雨绸缪；是保静养神，清心寡欲；是沉默是金，寡言鲜过；是谤我容之，侮我化之……。

懂得难得糊涂，人才会清醒，才会清静，才会有大气度，才会有宽容之心。在这里我们说的"难得糊涂"就是不糊涂，就是一种内心淡定的处世态度。人宁可保持淳朴天真的本性而摒除后天的奸诈乖巧，保留一些刚正之气还给大自然；宁可抛弃世俗的荣华富贵而甘于淡泊、清虚恬静，在天地人间留一个纯洁高尚的美名。

处 世 智 慧

◇君子盛德，容貌若愚。

◇难得糊涂。

◇难得糊涂，人才会清醒，才会清静，才会有大气度，才会有宽容之心。

学会控制自己的情绪

【聊天实录】

我：夫子，生活中总是会有一些事情或者人扰乱我们的情绪，让我们变得暴躁，这些更是会让我们感觉很不舒服，面对这些，您认为我们应该怎样做呢？

老子：对于你说的这种情况，可以从《道德经》第七十章中找到答案，我曾经提到：善战者不怒。

我：夫子，您说的这句话应该怎样去理解呢？

老子：这句话的意思就是，善于作战的人，能不被对方激怒。

我：夫子，您的意思是说我们要想不被对方激怒，就要学会控制自己的情绪，对吗？

老子：你说得很对。善战者不怒，其实就是说要控制自己的愤怒情绪保持淡定，这样才能让自己少犯错误。

【淡定处世解读】　　　　善于调节情绪的爱地巴

清人傅山说过：愤怒正到沸腾时，就很难克制住，除非"天下大勇者"便不能做到。如果你想发怒，你就应想想这种爆发会发生什么后果。既然发怒必定会损害你的身心健康和利益，那么你就应该约束自己、克服自己，不让自己轻易动怒。

平心静气是一种优秀的心理品质，也是愤怒等多种消极情绪的克星，心平气和地看待周围的人或事，就能有效控制自我情绪，从而保全大局利益，让自己成为命运的主宰。其实，很多时候怒气是会自然消退的，只要换个环境、换个想法，耐心地待一段时间，事情自然会悄悄过去。愤怒像火山一样，若不能使自己平心静气，就会伤及自己和周围的人。学会控制自己的愤怒情绪，是快乐的前提，也

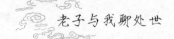

是亲朋邻里和睦相处的关键。

相传在西藏有一个善于调节自己情绪的人叫爱地巴，他生气的时候从来不会向别人大发脾气。每当别人惹他生气时，他总有办法让自己平心静气到底是什么方法如此神奇呢？很简单，就是绕自己的房子跑三圈。

后来，爱地巴的房子越来越大，他仍在心情不好时绕房子跑三圈，尽管每次都会累得气喘吁吁、汗流浃背。当爱地巴60多岁的时候，他仍然坚持自己的习惯。一次，爱地巴被家丁激怒，他努力压制自己的怒火，开始拄着拐杖跑步，孙子怕他有闪失就在一旁陪伴。

孙子问："爷爷，每当您生气时就会绕着房子和土地跑，这是为什么呢？"爱地巴笑着说："年轻时，每当我和别人吵架，就会绕着自己的房子和土地跑三圈，我边跑边想——自己的房子这么小，土地这么少，哪有时间和精力去跟人生气呢？想到这里，我气就消了，就会心平气和地去面对大家，这样我也会有更多的时间和精力来工作。"孙子又问："爷爷！现在您老了，房子大了，土地也多了，为什么还要绕着房子和土地跑呢？"爱地巴笑着说："现在我老了，我生气时绕着房子和土地跑三圈，边跑我就边想——既然我的房子这么大，土地又这么多，又何必与别人斤斤计较呢？一想到这里，我的气就消了，也会平心静气地去享受生活。"

愤怒是各种消极情绪中最难控制的一种，人们常常会因一些微不足道的细节引起不必要的冲动。那么，如何才能更好地控制自己的情绪，使自己平心静气地面对自己的朋友和对手呢？最好的方法就是及时喊停，避免怒火中烧，使自己不至于失去理智。通常，在调节情绪时应包括及时叫停—深入思考—制订下一步策略三个步骤。就像驾车一样，当你发现前方路况有麻烦时，可以先减速或停车，待分析了具体情况以后，再做出继续前进，或是绕路而行的决定。在怒火中烧的时候，还可以心平气和地去想一想事情的来龙去脉，很可能是因你的失误而引起的误会；即使真是对方的过错，你也应该想一想，自己为此发怒真的值得吗？生气只是用别人的错误来惩罚自己，如果自己因此气出病来，换来的不是问题的圆满解决，而很可能会是别人的嘲笑。

张良克制得《太公兵法》

汉初名臣张良外出求学时曾遇到一件事，一天，他走到下邳桥上遇到一个老人，穿着粗布衣服，在那里坐着，见张良过来，故意将鞋子掉到桥下，冲着张良说："小子，下去给我把鞋捡上来！"张良听了一愣，本想发怒，因为看他是个老年人，就强忍着到桥下把鞋子捡了上来。老人说："给我把鞋穿上。"张良想，既然已经捡了鞋，好事做到底吧，就跪下来给老人穿鞋，老人穿上后笑着离去了。一会儿又返回来，对张良说："你这个小伙子可以教导。"于是约张良再见面。后来这个老人给张良传授了《太公兵法》，使张良最终成为一代良臣。老人考察张良，就是看他有没有自我克制的修养，有了这种修养，"孺子可教也"，今后才能担当大任，处理多种复杂的人际关系和艰巨的事情，才能遇事冷静，不意气用事。

洛克菲勒冷静赢官司

曾经美国石油大亨洛克菲勒有一次因牵连某案而上了法庭，当对方的律师以粗暴的口气向他连连质问时，他本来快被激怒了。但他很聪明，不会那么鲁莽。他态度平和，不动声色地答复律师的挑衅，结果律师反而被气得快发狂，语无伦次，而洛克菲勒则最终赢得了这场官司。明朝人吕坤早在四百多年前就说过："忍、激二字是福祸关。"所谓忍是忍耐，指控制住自己的情绪，激是激动。能忍住就是福，忍不住就是祸，所以要认真把好这一关。

洛克菲勒画像

生活中，当我们愤怒的时候，不妨反问

自己："发脾气真的能解决问题吗？""我到底想换来什么样的结果？难道和对方大动干戈才能使问题解决吗？难道就没有别的途径吗？"在思考的过程中、在注意力转移到事情的解决方法时，理性往往会被唤醒，平心静气的思考会使冲动盲目的情绪得以缓和。或者你也可以干脆远离现场，寻找一个安逸舒心的环境，喝一杯清茶，想一想开心的事，愤怒往往也就会随之渐渐淡化。

人皆有七情六欲，遇到外界的不良刺激时，难免情绪激动、发火、愤怒，这是人的一种保护的本能的生理和心理反应。但这种激动的情绪不可放纵，因为它可能使我们丧失冷静和理智，使我们不计后果地行事。因此，我们在遇到事情时，一定要学会克制，而不要像炮捻子，一点就着。要学会让自己远离愤怒，懂得心平气和地考虑问题，你便向成功迈进了一步。

处 世 智 慧

◇善战者不怒。

◇忍、激二字是福祸关。

◇愤怒正到沸腾时，就很难克制住，除非"天下大勇者"便不能做到。

第章

老子跟我聊和谐处世

　　和谐，是一个永恒的主题。对于个人而言，要想让自己的处世更和谐，就要寻找到一个平衡点，或者说是中庸。在这个过程中，应该把握好做人做事的分寸，与人交往中保持适当的距离，与大自然也要很好地相处。不仅如此，还要善于调节，让自己的内在也和谐起来。做到这些，和谐便是你生活的主旋律。

把握好分寸才能做到和谐

我：夫子，在生活中，在很多人看来，细心是一种很好的品质，然而，有的时候，一个人太过细心却也会让人感觉不舒服。您认为，我们应该怎样做才能让细心发挥出积极的作用呢？

老子：对于你说的这些，我在《道德经》第五十二章中曾经说到：天下有始，以为天下母。既得其母，以知其子。既知其子，复守其母，没身不殆。塞其兑，闭其门，终生不勤。开其兑，济其事，终身不救。见小曰明，守柔曰强。用其光，复归其明，无遗身殃，是为袭常。

我：夫子，您能说得再明白一些吗？

老子：这句话的意思就是说，世界有起始，起始就是世界之母。认识了母亲，就可以了解她的孩子。认识了孩子也可以了解他的母亲，既了解孩子，又掌握其母亲，那就终身不会有危险。塞住孔窍，关上门户，终身都不会遭病患。打开孔窍，助长欲望之事，则一辈子不可救药。看到细小叫明察，守持柔弱叫刚强。借助光亮，达到明察，不给自己带来灾殃，这就叫沿袭常道。

我：夫子，听了您的讲解我明白一些了，您的意思是说，一个人在生活中既要细心，也要把握好这个度，我这样理解对吗？

老子：你说得很对，其实，任何事情都要有一个度，把握好这个分寸，才能做到和谐。

【和谐处世解读】 　　有关细心的实验和探索

帕金森教授曾经给出过一条定律：一件工作本身会依时间的充裕与否而增加

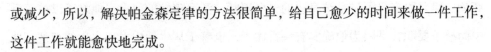

或减少，所以，解决帕金森定律的方法很简单，给自己愈少的时间来做一件工作，这件工作就能愈快地完成。

这就是为何每天都要制定时间表的必要性。如果没有计划，没有给每件工作规定期限，你的时间很可能就这样被额外的工作（甚至简单的工作）消耗掉。如果你只考虑到工作本身，而没有考虑时间的问题，那么你就会掉在追求完美的陷阱里。

你总能在已完成的事情上再找到一两个地方加以修改或添加，以求把事情做得更完美，但事实上，你早该开始进行新的工作了。克服这种毛病的方法就是把帕金森定律反过来运用：每一件工作都定一个期限，而且一定要在期限到以前做完。

你不妨运用计时器或闹钟来帮助你，你可以将计时器设定，每工作一段时间，铃声响时，就检查一下工作成果，然后再以此为依据，检查一下自己的成绩，这样就不至于陷入关注细节的旋涡中了。开始时可能不太适应，但习惯之后，你会发觉，它确实能为你解决许多工作上的麻烦。另外，在克服过分关注细节的问题上，也可以采用"抱歉质问"自问自答的方式，也就是在工作一段时间后，立即停下来，回顾一下工作的进度，思考是否有其他更好的方法，能使工作进行得更好。如果执行后认为有价值的话，那么关注细节就不再是影响你"苦劳"的因素。

生活中，过分得细心，过于严肃认真到了谨小慎微的程度，将会成为心理障碍，尤其是强迫症的温床。因为盲目夸大，草木皆兵，会使本来脆弱的神经难以驾驭理性，甚至面临崩溃，所以要把握好细心的度，做到灵活性与原则性的完美结合。只有把握好了这个度，你才能和谐处世，也让自己的内心更加和谐。

其实，不管做什么事情，都要掌握好一个度，这样我们才不会被束缚羁绊，内心才会和谐，和他人的相处才会和谐。

咸淡适中才最好

伊尹辅佐商汤推翻了夏桀的残暴统治，建立了在我国历史上延续约600年的

商朝。伊尹原来只不过是汤身边的一个厨师，汤妻陪嫁的奴隶，他之所以被汤看中而授予要职，是因为他确实有一番才干，也善于从生活中发现人生的智慧。他看到汤成天因与夏桀争夺天下而忙碌着，显得十分着急，以至于一日三餐都食之无味，他就想出一个办法来引起汤的注意。他把上一顿饭的菜做得特别咸，下一顿饭的菜又故意不放盐，让汤吃得不对味而来责备自己。然后，他又把每顿饭的菜做得咸淡适中，美味可口，让汤吃得十分满意。其实伊尹早已算计好了，汤准会表扬自己的，果然，有一次饭后汤对伊尹说："看来你做菜的本事确实不凡。"

伊尹早已成竹在胸，不等汤把话说完，他就借题发挥说："大王，这并不值得夸奖，菜不应该太咸，也不能太淡，只要把佐料调配得妥当，吃起来自然会适口有味。这和您治理国家是一个道理，既不能无所作为，也不能急于求成，只有掌握好了分寸关节，才能把事情办好。"

孟子后来对伊尹的评价是："治亦进，乱亦进，伊尹也。"意思是说伊尹在天下太平时入仕做官，在天下动乱时也入仕做官。伊尹之所以能够做到这点，关键是在于能把握好分寸，有所为有所不为，深悟和谐的为人处事哲理。可见，盐不能吃得太多，也不能吃得太少，要恰到好处。同样，炒菜不可太生，亦不可太熟，生熟恰到好处，菜才会好吃，此恰到好处，就是"中"。又比如商人卖东西，要价太贵，人就不买。要价太少，又不能赚钱。要价应该不多不少，恰到好处。做任何事情，都应该是这样。

程颐说："做事，不偏不倚的才叫作中，不改变的叫作庸。行中，这是天下的正道；用中道，这是天下的真理。中庸的基本要义，就是不偏不倚，恰到好处。"在与人类生活问题有关的古今哲学中，还不曾发现过一个比这种学说更深奥的真理，这种学说，就是指一种介于两个极端之间的那一种有条不紊的生活。这种中庸和谐的精神，在运动与静止之间找到了一种完全的均衡。所以理想人物，应属一半有名，一半无名；懒惰中带有功，在用功中偷懒；穷不至于穷到付不出房租，富也不至于富到完全不做工，或是可以称心如意地资助朋友；钢琴也会弹，可是不十分精熟，只可弹给知己的朋友听听，而最大的用处还是给自己消遣；古玩也收藏一点，可是只够摆满屋子的；书也读读，可是不能用功；学识颇广博，可是不成为任何专家，等等。做到这种和谐，相信你在为人处世当中，一定会如鱼得水，赢得好人缘。

处世智慧

◇见小曰明，守柔曰强。用其光，复归其明，无遗身殃，是为习常。

◇治亦进，乱亦进，伊尹也。

◇做事，不偏不倚的才叫作中，不改变的叫作庸。行中，这是天下的正道；用中道，这是天下的真理。中庸的基本要义，就是不偏不倚，恰到好处。

君子之交淡如水

【聊天实录】

我：夫子，人们常说，交友要谨慎，因为在交友的过程中，很多人都会带着自己的目的来交友，而这些都是不可取的，对此，您怎么看？

老子：对于人与人之间的交往的问题，我在《道德经》第八十章中曾经提到：小国寡民。使有什伯之器而不用，使民重死而不远徙。虽有舟舆，无所乘之；虽有甲兵，无所陈之。使民复结绳而用之，甘其食，美其服，安其居，乐其俗。邻国相望，鸡犬之声相闻，民至老死，不相往来。

我：夫子，您能说得更明白一些吗？

老子：好的，这段话的意思就是缩小国土，减少人口。即使有各种器具也不使用，使人民珍视生命而不远走他乡。虽然有舟船车马，也没有地方去乘坐它。虽然有铠甲兵器，也没有地方去显示它，使人民回到结绳记事的生活，让他们吃得香甜，穿得漂亮，住得舒适，过得习惯。邻国之间可以互相看见，鸡鸣狗吠的声音可以互相听闻，但百姓间从生到死，却互不往来。

我：夫子，您的意思是不是可以简单地说是人与人之间的交往要注意把握好尺度，要和谐一些，或者说是君子之交淡如水呢？

老子：你说得对，人与人之间的交往要想和谐，双方之间就尽量不要有利益关系，不要太亲密，这样，交往才会和谐。

【和谐处世解读】 ❧ 君子之交淡如水 ❧

唐贞观年间，薛仁贵尚未得志之前，与妻子住在一个破窑洞中，衣食无着落，全靠王茂生夫妇经常接济。后来，薛仁贵参军，在跟随唐太宗李世民御驾东征时，因平辽功劳特别大，被封为"平辽王"。一登龙门，身价百倍，前来王府送礼祝贺的文武大臣络绎不绝，可都被薛仁贵婉言谢绝了，他唯一收下的是普通老百姓王茂生送来的"美酒两坛"。一打开酒坛，负责启封的执事官吓得面如土色，因为坛中装的不是美酒而是清水！

"启禀王爷，此人如此大胆戏弄王爷，请王爷重重地惩罚他！"岂料薛仁贵听了，不但没有生气，还命令执事官取来大碗，当众饮下三大碗王茂生送来的清水，在场的文武百官不解其意。薛仁贵喝完三大碗清水之后说："我过去落难时，全靠王兄弟夫妇经常资助，没有他们就没有有我今天的荣华富贵。如今我美酒不沾，厚礼不收，却偏偏要收下王兄弟送来的清水，因为我知道王兄弟贫寒，送清水也是王兄弟的一番美意，这就叫君子之交淡如水。"此后，薛仁贵与王茂生一家关系甚密，"君子之交淡如水"的佳话也就流传了下来。

"淡如水"不是说君子之间的感情淡得像水一样，而是指君子之间的交往，不含任何功利之心，他们的交往纯属友谊，却长久而亲切。小人之间的交往，包含着浓重的功利之心，他们把友谊建立在相互利用的基础上，表面看起来"甘若醴"，如果对方满足不了功利的需求时，很容易断绝，他们之间存在的只是利益。

老子为什么要让人类回到那种"老死都不相往来的"时代呢？要想明白这点就要看看现在的人们互相往来都在于一些什么。我们看到的是互相利用，互相欺骗，说着言不由衷的话，戴着伪善的面具，一不留神，说不定谁就会上当受骗，何苦呢？相比而言，还真的不如老子所说的"邻国相望，鸡犬之声相闻，民至老死，不相往来"来得好。但是，活着就要面对现实，我们是不可能与人不相往来的。那么怎么办，就只好退而求其次，能不往来的就尽量不往来，即使往来，也要遵守"君子之交淡如水"的原则为好。

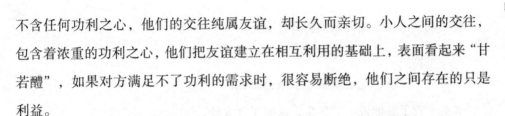

多一事不如少一事

古文化街，有一个捏泥人的老头子，他说的一句话令人佩服不已。老头子给一个顾客现场捏泥人像，事先说好了样式和价钱。老头子捏得挺好，但是顾客嫌自己的泥人像没有胳膊。

顾客说："嗨，老头儿，这是老子吗？怎么没胳膊！"

老头子说："先生，事先说好，捏肖像没胳膊。"

顾客说："哎，老子偏要胳膊！"

老头子说："先生，多一事不如少一事，肖像加胳膊不好看。"

顾客说："加胳膊是不是加钱？老子有钱，我还怕花钱！"

老头子说："是啊，先生，加一条胳膊，要加10块钱。"

顾客说："那加一条胳膊算什么？"

老头子说："先生，这叫仙人指争。"

顾客说："哎，加两条胳膊算什么？"

老头子说："先生，这叫全合人。？"

顾客说："哎，老子要是加三条胳膊呢？"

老头子看了看他说："先生，这叫手气太壮。"

顾客说："哎，老子要是加四条胳膊呢？"

老头子说："先生，这叫形影不离。"

顾客说："哎，老子要是加一千条胳膊呢？"

老头子笑了："先生，这叫千手观音。"

顾客说："哎，老子要是加一万条胳膊呢？"

老头子说："先生，这叫万众一心。"

顾客说："嘿，你这老头儿真是问不倒，我问你，什么叫多一事不如少一事？"

老头子说："先生，捏泥人就像制造东西一样，多一个部件就多一个损坏的机会。"

顾客说："哎，你说得对，老子算服了你了。"

老头子说："先生，你要捏几个胳膊？"

顾客说："哎，老子不要胳膊了。"

老头子说："先生，请交钱吧。"

顾客心满意足地拿着自己的泥人像走了，老头子不愠不躁的回答真令人佩服。老头子笑着对大家说："诸位！不是我不会捏胳膊，捏肖像要讲究干净利落，这样才能保存很长时间。捏一万条胳膊，掉了一条怎么办？这叫残兵败将。"大家哈哈大笑，然而"多一事不如少一事"这句话却让人牢记在心。"多一事不如少一事"，其实也是对君子之交淡如水的一种阐释。正因为人与人之间没有那么多事情，才使得交往变得更加和谐。

可以说，"君子之交淡如水"是一种理想的交友境界，它鼓励人们在交友中朝着这个方面去努力，虽然达不到那种境界，但毕竟使友情更纯洁一些；也如同虽然进不了花园，但通过努力接近了花园，可以嗅到鲜花的芳香，可以看到出墙的花枝，在一定程度上可使身心得到熏陶和愉悦，总比在追名逐利中不择手段地互相利用要好得多。

"淡于表相，义重于心！"这才应该是我们要寻觅的友情。淡而如水的友情，或许，没有华丽绚烂的词句对彼此诉说，或许没有常常在一起的吃喝玩闹，但，那藏在心中的牵挂与默契，又怎是言语能表达得出的！只因这是一份淡如水，却重于心的友情！朋友之间应该互相宽和，互相不苛求、不嫉妒、不黏人，就像白开水一样的淡。水虽淡，却永远是我们生存的基本条件，朋友之间无利益就会有永远的朋友了。

处世智慧

◇老死都不相往来。

◇淡于表相，义重于心！

◇君子之交淡如水。

◇多一事不如少一事。

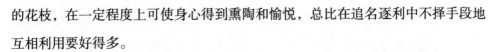

福祸相依，物极必反

【聊天实录】

我：夫子，人生当中总会遇到一些让我们辨别不出祸福的事情，您认为，当我们遇到这种情况的时候，应该怎样来看待呢？

老子：对于祸福之说，我曾经在《道德经》第五十八章中提到："祸兮福之所倚，福兮祸之所伏。"

我：夫子，您说的这句话应该怎样来理解呢，您能给我们解释一下吗？

> 老子：好的，这句话的意思就是福可以转化为祸，祸也可变化成福。
>
> 我：夫子，您的意思是说，世事无常，事物富于变化，物极必反，否极泰来，对吗？
>
> 老子：你说得很对，祸福相依，物极必反，只有找到它们的平衡之处，来行事才能达到和谐而不指致麻烦。

【和谐处世解读】 ～ **祸福转化的解剖** ～

"祸兮福之所倚，福兮祸之所伏。"一百个人对于什么是"福"、什么是"祸"，可以有一百种形形色色的理解、联想、心得，但是很少能深入地思考两者的关系及其转化。老子此言一出，振聋发聩，将世人引向一个新的思维空间，祸福是相互依存，又是相互转化的；千古以来，继响不绝。老子之后庄子说："安危相易，祸福相生。"庄子之后，《淮南子》说到"祸福之转而相生"，并举"塞翁得马失马"为例，此后"塞翁失马，焉知非福"这一成语家喻户晓，福祸相生、转化的道理也深入人心。

中国人的"幸福论"非常丰富，且自有特色，比如"无祸为福"、"知足为福"、"无欲为福"、"吃亏是福"，等等。从反面来论福，便已精彩纷呈，当然这里面又融合着许多老子、庄子的智慧，就说祸福转化这把利刃，解剖世相，也无不切中肯綮。

贝多芬于1820年50岁时两耳失聪，这对平常人来说是一部分世界毁灭了，而对于音乐家来说是整个世界寂灭了。于是他用笔与人交谈，由此而留下大量的谈话稿，这是天降灾祸的不幸产物，但最终却成为研究贝多芬思想与创作的宝贵资料，可以说因祸得福。贝多芬一生坎坷，但他的生命却是那样的辉煌与充实。罗曼·罗兰是这样评述贝多芬的祸福相倚的：贝多芬的生涯是一种长期的受难芋或是悲惨的命运，把他的灵魂在肉体与精神的苦难中折磨，在贫穷与疾病的铁砧上锻炼；或是目击同胞受着无名的羞辱与劫难，而生活为之戕害，内心为之碎裂，永远过着磨难的日子；固然由于毅力而成为伟大，可是也由于灾患而成为伟大。所以不幸的人啊！切勿过于怨叹，人类中最优秀的和你们同在。汲取他们的勇气做我们的养料吧，倘若我们太弱，就把我们的头枕在他们膝上休息一会儿吧，他们会安慰我们。在这些神圣的心灵中，有一股清明的力和强烈的慈爱，像激流一般飞涌出来，甚至毋须探询他们的作品或倾听他们的声音，就在他们的眼里，他们的行述里，即可看到生命从没像处于患难时的那么伟大，那么丰满，那么幸福。

这样的人物与祸福的倚伏的例子不胜枚举。当然我们也看过很多的人在政治上青云直上，财产上暴发暴富，名声上大紫大红，但往往灾祸旋踵而至，或成阶下囚，或一夜间倾家荡产，或终于声名狼藉，祸因福而招致，同样不胜枚举。

祸福之倚伏，是这样的相反相成，变化转换，其实其他一切事物中都含有否定本身的因素，也在运动变化。老子指出"正复为奇，善复为妖"，又如"美"与"丑"、"高"与"下"、"长"与"短"、"难"与"易"等，都在对立与否定中反复转换循环，只是人们长期将眼光落在观察的表面，未透过现象去审谛深层，做一种动态的剖视与全面的分析。老子"他向我们拉开了观察事物的视野，使我们能超拔于现实环境的局限，使我们不致为眼前的困境所陷住，也使我们不致为当下的心境所执迷"（陈鼓应语）。老子教给人们一种超脱的方法，一种免于在现实生存中短视的良方，一种转换变化的辩证处置智慧。当然，老子的智慧也有缺陷，如他没有指出转化中的条件，但老子观察事物的辩证方法却是杰出的贡献。

高大长寿的栎树

一次，一个木匠带着几个徒弟到齐国去。师徒一行走到山路的一个拐弯处，看见一座土地庙，旁边有一棵高大无比的栎树。它的树荫可以容纳几千头牛在树下休息，树干又粗又直，在几丈高之后才能见到分枝，而这些树枝粗到可以用来

做造船材料的就有好几十枝。许多路人都在围观，连声称奇，只有这个木匠瞄了一眼，扭头就走。

徒弟们看腻栎树之后，追上师父，问："生平从未见过这么高大华美的树木，师父怎么看都不看就走了呢？"木匠说："这棵树没什么用。用来造船，船会沉；做棺材，棺材会腐烂；做器具，器具会破裂；做门窗，门窗会流出汁液；做柱子，柱子会被虫蛀。正是因为它没有用，才会这么长寿，这么高大。"没想到徒弟眼中的奇树神木，在师父眼里竟然只是一文不值的朽木！晚上，木匠梦见这棵大树对他说："你怎么能说我没用呢？你想想看，那些所谓有用的橘树、梨树和柚树，在果实成熟时，就会被人拉扯攀折，树很快就会死掉。一切有用的东西无不如此。你眼中的无用，对我来说，正是大用。假如我像你所说的那样有用，岂不早就被砍了吗？"木匠醒来，若有所悟，他把这个梦告诉了徒弟。徒弟问道："它既然向往无用，为什么要长在土地庙旁边，引人注意呢？"木匠回答说："如果它不是长在庙旁边，而是长在路中央，不也早就被人砍掉当柴烧了吗？"

美丑相对而生，善恶相较而彰。已有的事物可以逐渐消失，即"有"可转化为"无"；还没有的事物可以演化诞生，即"无"可转化为"有"。同样，"难"、"易"也是相比较而存在，相交替而出现，长短、高低、前后都是既相反又相即不离的。做事做人都要适可而止，避免极端化。理想的人格是刚正而不显锋芒，有棱角而无伤人，直率而不放肆，光明而不炫耀。老子把对立面相互依存的道理用于观察生活，发现了"祸兮福所倚，福兮祸所伏"这样的道理。

祸福都不是由人定的，人世间是变化无常的。好的事情也会变坏，有的时候坏的事情也会出现好的方面。一件事情发生了，它有可能是好的，也有可能是不好的。正像老子说的那样，祸福可以互相转化。事情发生了，是好事还是坏事我们不得而知，各占百分之五十的几率。无论是尚处逆境，还是正春风得意的人，未来成功的几率是均等的，都有百分之五十的可能，成功并不是某些人的专利，也不只是某些人的幸运。

祸与福、正与奇、善与恶都是互蕴互换。祸极福反，福极祸反。物极必反，事物发展不会一帆风顺，到了一定界限就会转到反面。懂得了这个道理，我们在为人处事的时候，就可以逐步找到平衡点，让自己在处世中更和谐。

处世智慧

◇祸兮福之所倚，福兮祸之所伏。

◇塞翁失马，焉知非福。

◇美丑相对而生，善恶相较而彰。

与人相交要保持适当的距离

【聊天实录】

我：夫子，生活中，每个人都渴望有朋友，然而，我们应该怎样和朋友相处呢？

老子：对于你说的这点，在《道德经》第六十章中我曾经说过：治大国，若烹小鲜。

我：夫子，这句话说得很含蓄抽象，您能说得通俗一些吗？

老子：好的，这句话的意思就是治理大国和烹制小鲜鱼是一个道理。

我：夫子，如果我将这一道理用在交友上，就是说我们与朋友之间也应有一定的距离，这样理解对吗？

老子：你说得很对。在与朋友相处的过程中，也要保持适当的距离。这样，你与朋友之间的交往才会和谐。

【和谐处世解读】 ～～ 同事之间应该保持适当距离 ～～

理查是一家大型跨国公司的雇员，由于工作勤奋努力，成绩斐然，在短短的几年间，步步高升，事业可以说是一帆风顺。而有几位跟他一同起步的同事，限于能力和机会，却至今仍保持着多年前的原状。因此在大家相处之时，理查总觉得不太自然，甚至还有些战战兢兢。

起初他为了避免老同事们指责他过于高傲，惹个"一朝得志便不可一世"的骂名，频频地请这几位老同事吃饭，而且说话也比过去更加小心、客气了，饭菜档次更是极显尊重。不料他这样做同事不仅没领他的情，反倒认为他简直得意忘形，太"招摇"了，甚至越发不平衡起来，认为理查原本就是个"草包"，原来就是凭着这些"卑劣"手段爬上去的。理查最终落了个"赔了夫人又折兵"，气得几乎吐血。痛定思痛之后，他决定卸掉包袱，轻装上阵，仅以平常心淡然面对平常事，一切竟然又应付自如了。

理查的经验告诉我们，只有和同事们保持合适距离，才能成为一个真正受同事欢迎的人。不论职位高低，每个人都有自己的工作范围和责任。所以在权力上，聪明的人都不喧宾夺主，但也永远不会说"这不是我分内的事"之类的话，因为过分泾渭分明只会搞坏同事间的关系，而过分泾渭不分，也不利于同事圈这一特定范围。

美国精神分析医师布列克曾对同事间的交往打过一个精彩的比喻：两只刺猬在寒冷的季节互相接近以便取得温暖，可是过于接近彼此会刺疼对方，离得太远又无法达到取暖的目的，因此它们总是保持着若即若离的距离，既不会刺疼对方，又可以相互取暖，这种刺猬式交往形象地说明了同事之间应该保持着不即不离的距离。

人与人之间，既要相识、相知又要做到亲密有间，要始终保持着一定的距离，各有各的生活圈子，各有各的精彩故事，彼此不依赖又不生分。相处时谈笑风生，分开时互相惦记；心照不宣时会心一笑，观点相异时各自保留；相互之间既不要远得让人感到陌生，也不要近得不分彼此；不去打听探究对方的隐私，却又心甘情愿地为其做点力所能及的事情，这样的处世才能更加和谐。

不要被"刺猬法则"刺伤自己

柯林和她的上司王燕非常合得来，不光在工作上珠联璧合，就是爱好也是惊人的相似。比如她们都喜欢用某个品牌的化妆品，喜欢某个品牌的套装，喜欢到同一家咖啡店喝咖啡，喜欢听同一个歌星的歌，等等，为此两个人在一起的时间也就多一些。

有一次逛商场，两人不约而同地穿了一件相同款式风情万种的春衫，她们在更衣室相遇，嬉笑着互骂彼此是妖精，于是柯林私下里就称王燕"老妖精"，而王燕也乐得回一句"小妖精"。

办公室本是多事之地，她们的亲密自然招致了别人的非议。王燕从此留了心，她想慢慢地疏远柯林，可是柯林却没有意识到这一点。有一天，王燕在自己的办公室里接待一位客户，柯林敲门后进来，以为没有别人，就冲着王燕问："嗨，老妖精，今天晚上去看电影怎么样？我搞到了两张票。"王燕的脸色立即很不自然，只说了一句："你风风火火的像什么样子？这是在办公室。"柯林这才发现在那张宽大的黑色沙发上坐着一个穿黑风衣的瘦小的老头。不久，柯林被调到市场部做统计，离开了那份自己十分喜欢的人力资源的工作。

现实中，凡事都要有一个度，超过了这个度就会适得其反。我们不难看出，柯林本来可以利用这个关系获得更多的机会来提升自己，然而，她没有把握好这个度，使得自己陷入了被动的境地，使得自己受到了这样的一个打击。其实，这都怨不得他人，以身试法的结果只会让自己输得更惨。

作为下属员工，在与领导打交道的时候，一定要注意和领导的上下级关系，并且在做事情的时候，一定要表现出对领导的尊重。很多时候，你对领导的尊重往往就表明你与他之间是有距离的，这样既不会让同事对你心存嫉妒和警惕，也不会让领导感到有威胁。领导感到有面子了，又看到你能将种种关系都处理得这么好，自然会更加高兴，这样一来，他提拔你就是一句话的事情了。有了这个适当的距离，他好你也好。

和朋友相处也是一样。人与人，从认识到相知，这个过程是奇妙的，于是你欣喜地发现，你身边竟然有了那么多的朋友。你开心有人替你高兴，你伤心有人替你分忧。你以为人生得一知己足以，岂不知祸兮福所倚，你在不知不觉中有了依赖。就像爬梯子，你不经意间慢慢地爬上了梯子，越爬越高，完全没有想过这梯子会不会有一天撤掉。缘起乃聚，缘尽而散，什么两肋插刀、赴汤蹈火，听上去未免血腥了点，而且未免太过沉重。回想身边来来往往的一些人，有记得的，不记得的，直至今日细数过来，留下来的能有多少？平淡的友谊才可以持久，淡得彼此都不用去考虑保持距离，彼此心照不宣这样的朋友才是真朋友！朋友不需要天天腻在一起，每天腻在一起的，也未必就是真正的朋友。友情，是一种心里的感受。我们共同经历的，都在怀念着。静静的夜里，我们会因为回忆这份友情而在嘴角边挂起一抹微笑。只是因为这一份怀念，可以让我们在想起彼此的时候，打上一通电话，随口问上一句："你还好吗？"也可以在心情糟糕的时候，狼心狗肺地说上一句："你还活着呀！"而不必担心对方的翻脸无情。可以在对方最需要的时候，静静地坐在她的面前，不需要说什么话，只要坐在那儿，就足以让朋友的心，涌动出幸福与快乐。

人与人之间，保持适当的距离，这符合生活常规。马路上车辆之间要保持适当距离，否则会互相顶撞。人与人之间关系过于亲密，必然也会产生矛盾与摩擦。相交不必过分依赖，而是可以独立开来各自精彩！

处世智慧

◇治大国，若烹小鲜。

◇相处时谈笑风生，分开时互相惦记；心照不宣时会心一笑，观点相异时各自保留。

◇相交不必过分依赖，而是可以独立开来各自精彩！

和谐养生才能延年益寿

【聊天实录】

我：夫子，现在养生已经成为非常普遍的现象，然而，怎么样才能做到和谐养生呢？对此，您能说说您的看法吗？

老子：对于养生，我也有所主张。在《道德经》第五十章中曾经提到：人之生，动之死地，亦十有三。夫何故？以其生生之厚。

我：夫子，您能将这段话的意思说得再清楚一些吗？

老子：这两句话的意思就是说人本来可以活得长久，却自己走向死路的，也占了十分之三，这是什么缘故呢？因为他们养生过度的缘故。

我：夫子，您的意思是说，养生应该寡欲质朴，过纯真自然的生活，这样才不会伤害人的本性，可以活得长久。而欲望太盛、供奉太多，反而使生命受到损害，这样理解对吗？

老子：你说得很对，养生也要讲究和谐。而要做到这点，养生就要适度，这样才能收到延年益寿的效果。

【和谐处世解读】　❧ 放松精神才能和谐养生 ❧

小王的母亲曾经就是个养生过度的人，她订了许多卫生保健方面的报刊，经常剪贴、复印下来，分别送给朋友和老同学。她也关心电视上的健康节目，一次她特地打电话通知她的老同学，第二天有治疗高血脂的节目。她的老同学说："我的血脂还正常。"她劝说："以后说不定会高呢！"她常怀疑自己有这病那病，身体某一部位稍有疼痛，就害怕"长东西"了，弄得惶惶不可终日，精神负担很大。最近她在别人的劝说下上了老年大学绘画班，还每日与老伴出去锻炼，才感觉精神和身体都好多了。

中医理论非常好，非常奇妙。中医治病的本质是和谐，它不讲究杀菌杀病毒，而是给你调理阴阳平衡，虚实平衡，气虚补气，血亏补血。比如，现在很多人每天吃一大堆补品，说这个好，一小点可以补充那么多营养，其实未必。如果要真是这样的话，那人就可以不用吃饭，只吃补品就行了。

任何东西少了不行，可并不是说多了就好。比如维生素 c，成人每天的需要量是 100 毫克，如果你摄取了 200 毫克，多余的就会从尿液中排出，不会有什么其他作用。可如果你长期摄取过量，它会通过肝脏先储存起来，然后再一点点释放，如果你摄取的量过多，肝脏储存过多，就会导致中毒症状，头晕头痛，恶心呕吐，甚至肝细胞坏死，现实中每年因过量服用补品导致中毒甚至死亡的人不知道有多少。所以，养生一定要适度，适度包括营养的适度、运动的适度、心理的适度。

过去困难时期，营养不良的人很多。现在生活条件好了，又走了另一个极端，就是吃得太多，于是出现了肥胖、超重等问题。也有一些人粗粮吃得很少，这样特别不好，人类就是从吃粗粮过来的，玉米、小米、高粱、南瓜、土豆、红薯都是很好的食物，含有非常丰富的天然营养，所以东西要搭配着吃。另外要注意的是，吃到七八分饱就可以了，适可而止，俗话说："七八分饱，百岁不老。"

人为什么要吃七八分饱而不是全饱呢？老虎生活的环境里，吃的东西不是每天都有，抓到猎物就要吃个够，接下来的两三天不吃都没事。而我们人类有丰富的食物来源，天天都有吃的，如果吃得过饱过量，就容易吃出病来。从生理学的角度讲，我们吃完东西后，要等血糖上升才有饱腹感，如果吃得过饱，等血糖上升的时候，一定又会觉得撑了，所以，吃得快的人往往更容易发胖。

这就像一个汽车制造厂，每辆汽车需要 4 个轮胎即可，生产 1 万辆汽车即需要 4 万个轮胎，如果你做了 40 万个轮胎，当然会把整个车间都给占满，反而无法生产出汽车了，所以任何东西如果违背了适度均衡的原则，好东西都会变成坏东西。当然，有特殊需要的人适当多补充一些复合营养对健康还是有益的。"健全的心灵寓于健康的身体。"这句格言可以追溯到古罗马时代，而且历久弥新，到今天仍然适用。

❧ 动静结合，养形调神 ❧

对于动静养生而言，有春天"夜卧早起，广步于庭"，夏天"夜卧早起，无厌于日"，秋天"早卧早起，与鸡俱兴"，冬天"早卧晚起，必待日光"之说。

动以养形，静以养神，分为"运动养生"和"清静养生"两种。动与静，截然相反，欲求长生之道，到底应以静为主，还是以动为主？中医认为动与静是对立统一的两种养生方法。古人早有"动以养形，静以养神"之说，方法虽然不同，但目的一样，均为促进和恢复肌体气血流畅和各种平衡。

运动养生理论，为当前盛行的体操、跑步等体育健身运动提供了理论依据，动包括走动，活动，运动，劳动等，以动而不疲，持之以恒为原则。不仅青年人要动，老年人更要动。俗言谓一身动，气血通，运动不但使肢体矫健，主要能保持气血的流畅，有助于脏器功能的健全，肌体平衡，以达到健康长寿目的。

和运动养生相对的就是清静养生。"清静养生"的思想在一定程度上占据着中国传统养生文化的主流地位，这是由于中国传统养生文化在历史上长期受到道教的影响。先秦道家以"清静"学说立论，即不仅蕴涵人生论，也包含其养生论。如老子所说"致虚极，守静笃"，"无欲以静，天下将自定"。庄子提出了"恬淡寂寞，虚无无为"才是"天地之平，而道德之质也"的观点，从而得出了"纯粹而不杂，静一而不变，淡而无为，动而天行，此养生（神）之道也"的结论。清静养神就是要求人体保持生理和心理的平衡，即《内经》所谓的"和喜怒，养心神"，只有做到"内无思想之患，以恬愉为务"，才能排除七情对肌体气血的干扰，使气血始终保持流畅和平衡。近代研究发现，当人的身心都入静之后，人的脏器、肌肤、心血管、神经等系统都处于松弛状态，这是肌体的气血调和、经脉流通、脏腑功能活动有序的基础，证实了清静养神的目的也

在于调畅气血。

不管是运动养生，还是清静养生，都要按照科学规律去进行，才能达到养生的目的。如果不适合自己，不仅得不到养生的效果，反而会损害健康。

不仅如此，在养生的过程中，还应该做到心理平衡，遇事尽量不要大喜大悲，大惊大恐。因为过度的情绪波动会伤害内脏，导致胃十二指肠溃疡、高血压等许多病，要尽可能保持理性、适度的情绪。人应该提倡科学的生活方式，掌握必要的医学常识，让身心处于轻松状态，做些令精神愉悦的事，潇洒并快乐地活着，这才是最好的养生，也是最和谐的养生。

处世智慧

◇七八分饱，百岁不老。

◇动以养形，静以养神。

◇内无思想之患，以恬愉为务。

不与人争，全天下无人能与之争

【聊天实录】

我：夫子，当今社会竞争非常激烈，而且大多数人都认为只有赢得竞争才能取得胜利，然而，在这样的环境中，人与人之间的关系往往并不和谐。对此，您怎么看？

老子：针对你提出的这个问题，在《道德经》第六十六章中，我曾经说道：以其不争，故天下莫能与之争。

我：夫子，您能将这些和和谐处世联系起来解释吗？

老子：好的，这句话的意思就是：正因为不与人争，所以天下没有人能和他争。

我：夫子，您的意思是说要想处世和谐，就要做到不和其他人争，对吗？

老子：你说得很对，不与人争，全天下无人能与之争，和谐处世的真谛就在于此。

【和谐处世解读】 老子不争的思想

老子认为，一个人越是有私心，就越难以做自己；越想有所为，就越难以有所为。如果你与全国人去争国家，与全天下人去争天下，与所有领域中的人去争成败，结果必然是一无所获甚至是一败涂地；你如果不与他人去争，恬淡无为，或许会有所得，不争之争反而天下莫能与之争。

不仅如此，老子还认为天地万物以及人的处世都要按道行事。无论是天道和人道都是柔弱谦下，彼此相容而不害的。因此，学道应该返本还源。避而不争，好像上天的道理，只是利益万物，而不去侵害万物圣人，只是负担调和大自然的使命而拜不与人群相争。

《道德经》提及"不争"思想的地方很多，最后一章的最后一句高度概括称"天之道，利而不害；人之道，为而不争。""不争"思想，是与"道"的"柔弱"的特性相联系的。由于道是"柔弱"的，因而"道"也是谦下而不争的。当然，"道"的不争，并非是一种消极逃避，百事退让。《道德经》还称"以其不争，故天下莫能与之争"，"天之道，不争而善胜，不言而善应，不召而自来"。由此可见，这里所说的"不争"，是一种"善胜"的"争"，是"天下莫能与之争"的符合天道之"争"。另外，《道德经》还说到老子的"三宝"，即"一曰慈，二曰俭，三曰不敢为天下先"。这里的三宝，是针对社会存在的"仇恨"、"奢侈"和"争名夺利"的现象而提出的个人道德规范。在治国之策上，他则要

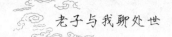

求"不尚贤，使民不争"，意思是不尊崇贤才高能，就可以让民众不争夺功名。

西汉时的《淮南子·兵略训》称"人有衣食之情，而物弗能足也，故群居杂处，分不均，求不淡，则争。争，则强胁弱而勇侵怯"。《诠言训》还指出"善有章则士争名，利有本则民争功"，意思是世人相争是具有深刻的社会原因的，或因物质财富不足，或因分配不平，等等。不过在《原道训》中仍然认为"达于道者，不以人易天"，就是说得道的人可以应付外界事物的变化，而内心之中却不能失去按道行事的本性。又称"以其无争于万物也，故莫敢与之争"，则"天下归之，好邪畏之"。圣贤为人处事之道在于，做事不要为争功取名，不要为争权夺利去做事。所谓"无为"，是顺应天道而为，但也不是什么都不做，而是不要特意地带有功利的心理去做，明知不可为而为之，就不是"无为"思想了，懂得了这些，才算是真正做到了"争"与"不争"的和谐。

老子以"水"说处世之道

在老子哲学中看来，最无争的，莫过于水了。水，具有滋养万物生命的德行，它能使万物得它的利益，而不与万物争利。就如古人所说："到江送客棹，出岳润民田。"只要能做到利他的事，就永不推辞地做。但是，它却永远不去占据高位，更不会把持要领。俗话说："人往高处走，水向低处流。"它在这个永远不平的物质世界里，宁愿自居下流，藏污纳垢而包容一切，所以老子形容它，"以其不争，故天下莫能与之争"，以成大度能容的美德。古人又拿水形成的海洋和土形成的高山，写了一副对联，作为人生修为的指标："水唯能下方成海，山不矜高自及天。"

日本的围棋高手高川秀格，曾以"流水不争先"作为座右铭。他在围棋比赛中，将阵形布置成像水一样的悠散，不让对方感到畏惧。一旦开战，沉静的波澜立即发挥出所蕴含的能量，迅速击溃对方的攻势，这就是灵活运用了"以其不争，故天下莫能与之争"的道理。

在《孙子兵法》中，孙武曾说"夫兵形象水"。他认为最理想的作战方式应该像水一样，水中隐藏着巨大的力量，却没有固定的形状，视容器的不同而改变形状。所以，孙子以水喻兵，主张作战时要学习水的精神，他说："就像水没有固定的形状一样，打仗也不可能有固定不变的态势，需视敌人的态势自在地变换战略，方能掌握胜利之机。"因此，为将者首先要把握住大的原理，不可僵硬死板，墨守成规。需视情况的变化，灵活地运用原理，自由自在地变换我方的战略。具有这种灵活多变的伸缩性，那么在逃避对方攻击的同时，便能积极地积蓄自己的力量。就像水一样，虽然它具有往低处流的倾向，但是当它形成一股旋涡或急流时，再大的岩石、再粗的树干也都能轻易地冲走。

当然，"以其不争"，绝非被动人生。现实人生中"以其不争是指大有为而小"无为"，貌似无为，实则有为，眼下无为，长远有为的一种处世哲学，可以说是百态人生中"曲径通幽"、"曲线有为"的做法。顺天意、顺时势、顺民心、顺人性，绝不是做被动状，完全把自己交给大自然，像原始人那样任自然摆布，由天养活，而是在顺应客观规律的同时，主动地、策略地、乐观地、自觉地去驾驭命运之舟，在人生的海洋中航行，正所谓"我就是我自己的上帝"。

与人无争，就能亲近于人；与物无争，就能育抚万物；与名无争，名就自动到来；与利无争，利就聚集而采。不与他人争，或许会有所得，天下就没有人能与他竞争。不争能保全自身，消解矛盾，乱中求治，无争才能无祸。

处世智慧

◇天之道，利而不害；人之道，为而不争。

◇以其不争，故天下莫能与之争。

◇流水不争先。

人与自然应该和谐相处

【聊天实录】

我：夫子，人是生活在大自然当中的，因此怎样与大自然相处也是一门学问。您认为我们应该怎样与大自然和谐相处呢？

老子：和谐是非常重要的，针对你所说的，在《道德经》第六十四章中我曾经提到：以辅万物之自然而不敢为。

我：夫子，您能将这句话说得更清楚一些吗？

老子：好的这句话的意思就是能辅助万物的自然生成发展，而不敢轻举妄动。

我：夫子，您是说人与大自然相处应该遵从自然之道，这样才能与自然和谐相处，对吗？

老子：你说得很对。人和自然应该和谐相处，平等对待大自然中的一切，这样才算是和大自然真正地和谐相处。

【和谐处世解读】 ∽ 亲近自然，拥抱自然 ∽

在建设一条穿越西双版纳，是目前我国唯一一条穿过国家级热带雨林自然保护区的高速公路——思小高速公路时，曾发生了很多人与自然和谐相处的故事，其中一个就是一队施工人员与亚洲象和睦相处的故事：在进入野象谷隧道前要经过很长一段高桥，桥下是野象固定的"象路"。2003 年 11 月的一天，一野象群走到大桥附近项目部炸药仓库旁待了一夜，第二天依然没有离去。仓库保管员唐加军发现，原来是一头母象将这里当作了产房。象群就地把这头母象围了起来，直到两夜一天小象出世，母子恢复体力后象群才离开"产房"，悠然自在地走入了密林深处的家园。此时，施工人员还在大桥附近正常的施工。

随着社会的发展，如今的我们拥有比过去任何时候都要好的生活，但也面临着比过去任何时候都要严重的生态和环境问题。全球气候变暖，臭氧层的耗损与破坏，生物多样性减少，酸雨蔓延，大量的森林被砍伐，土地荒漠化，大量的水被污染浪费，大量的野生动物被猎杀……头顶的天空不像以前那样蔚蓝了，脚下也不再是一方净土了。在人与自然的关系中，人类已处于主动地位。当人的行为违背自然规律、资源消耗超过自然承载能力、污染排放超过环境容量时，就必然导致人与自然关系的失衡，造成人与自然的不和谐。

要知道，人与自然的和谐，也是构建和谐社会的重要一环。人与动物的和谐相处，则是人与自然和谐的一个前提，但要形成这样一个体系，需要许多社会力量和真情投入其间。善待动物，将有所回报，虐待动物，其恶果往往是非常严重的。

马克思说过："人同自然界的完整的本质的统一，是自然界的真正复活。"有人说："人类创造和发现科学，最终将毁于科学！"这句话说得也不无道理。想一想，人们天天想着要怎么来更好地利用自然，拿自然来做实验，这样是生活的好了，那子孙后代怎么办呢？如果人类及时改变发展模式，实现人与自然的和谐发展，长此下去，地球也有可能成为不再适合人类居住的星球。

要想和带自然和谐相处，我们就应该亲近自然，拥抱自然，从而妥善地改造自然，利用自然，以便大自然更好地为我们服务而不只是想着为了自己的利益而破坏自然，战胜自然，只有这样，才能实现人与自然的真正和谐。

和谐自然，养生首要

四季更替，寒暑分明，人们在这样一种变化莫测的大环境中生活，为了更好地保持健康的体魄，少生病，或不生病，必须遵循自然界的规律。老子为我们总结有一条基本原则，就是顺应自然规律，这是养生首要。

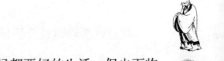

顺应自然规律首先应该顺应四时，顺时养生即顺应四时气候，阴阳变化规律，从精神、起居、饮食、运动等方面综合调养的养生方法，其宗旨是"春夏养阳，秋冬养阴"。

人类以自己柔弱的躯体，面对威力无穷的大自然，可谓"顺者昌，逆者亡"，企图"人定胜天"还为时过早。自然界的变化让我们体会最真切者，莫过春夏秋冬的更替，以致寒热温凉对人体的影响，前些日子的骄阳似火与近日的秋风送爽，人们的感受就大不一样。

中医学在养生保健和防病治病中，处处强调人与自然界是统一的整体，称"天人相应"，告诫说"要顺四时而适寒温"。自然界的一切生物受四季气候变化的影响，于是形成了春生、夏长、秋收、冬藏的自然规律。一年四季的变化同样随时影响人体，人体的五脏六腑、四肢九窍、皮肉筋骨血脉等的功能活动与季节变化息息相关。

在养生中，人们顺应自然界就能健康少病长寿，反之则可能患病夭亡。前人为了更好地顺应自然，常以"节气"来指导人们衣食住行和农事劳作。至今，中医看病还时刻不忘节气，在养生保健方面认为在春夏阳气当旺之季，要保护体内阳气，以免阳虚致病；秋冬阴气当旺之季，要注意体内真阴的保护，以适应来春阳气之发动，《内经》称之为"春夏养阳，秋冬养阴"，这是养生固本的一大原则，不可违背，否则必然会损伤正气，导致病害。

以秋季为例，古人说"春华秋实，仓积容满"，秋季是收获的季节。秋三月还需分孟、仲、季三个不同阶段，立秋、处暑为第一阶段，此时暑气未消，秋阳余炎；白露、秋分为第二阶段，此时金风送爽，玉露初凝；寒露、霜降为第三阶段，此时碧空如洗，大雁南飞，是"阳消阴长"逐步转凉过程。人们在秋季的起居也应随着阳光的收敛，燥气的影响调整睡眠时间，《内经》中说秋季应该"早卧早起，与鸡俱兴"。

人类只有实现了和自然的和谐相处才能拥有适合自己生存的环境，才能拥有健康。

处世智慧

◇人同自然界的完整的本质的统一，是自然界的真正复活。

◇春夏养阳，秋冬养阴。

◇早卧早起，与鸡俱兴。

摆正心中的天平，和谐处世

【聊天实录】

我：夫子，人与人之间怎样相处是一门学问，怎样面对生活中的幸运和不幸也是一种学问。您认为，我们怎样做才能让自己的处世更和谐呢？

老子：对于你所说的在《道德经》第二十二章中，我曾经提到：圣人抱一为天下式。

我：夫子，这句话应该怎样理解呢？

老子：这句话的意思就是圣人以自然、平等的观念（道）去看待天下一切现象。

我：夫子，您的意思是说，我们要想和谐处世，就应该用自然平等的心态面对生活，并且保持平衡的心态，对吗？

老子：你说得很对。一个人只有摆正心中的天平，才能真正做到和谐处世。

【和谐处世解读】 **周恩来平等待人**

在倡导"求同存异"的万隆会议上，周恩来阐述了新中国外交的一个原则立场：国家不分大小，一律平等。他在这次会议的政治委员会会议上发言说："我们重视这个问题，因为我们是一个大国，容易对小国不尊重……由于历史的传统，大国容易对小国忽视和不尊重，因此我们经常检讨自己。到会的各国代表中如果有任何人觉得中国代表团对任何一国代表不尊重，请指出来，我们愿意接受意见并改正。"

周恩来终身信守了"平等待人"这一诺言，这是他同外国人士经常谈到的一个主题，特别是对来自亚洲、非洲、拉丁美洲的朋友们，他时常虚心地询问他们对我们的工作有什么意见，是否发现我们有大国沙文主义的错误。直到他病重住院期间，最后几次会见外宾时，仍然不倦地说明中国永远不称霸的方针。

周恩来在国际交往中平等待人的态度，受到了国际舆论普遍称赞。他对小国的尊重和体谅，尤其鲜明地体现了新中国平等待人的风格。1954年，许多国家派代表团参加我国建国5周年庆祝活动，在分配接待任务时，剩下欧洲一个小国外长率领的代表团无人负责，周恩来便自告奋勇负责接待。他说，我们是大国，但不能歧视小国，我们应该尊重别国的民族感情。这件事对外事工作者是一次深刻的教育，令人至今难忘。

人人都有面子，人人同样都要面子。在这个社会中，人们同样信奉"你敬我一尺，我敬你一丈"的人生信条，故而在待人处事上，应该抱着尊重每个人的态度，不要因为工作分工不同而轻视或鄙视他人。

老子认为"圣人抱一为天下式"，他觉得有修养、有成就的人，对待一切人事物，都采取平等之心，不存区别之心。但在现实中，由于个人差异，每个人在社会中的地位同样存在着差异，这样的差异就使一些人的内心天平失去了平衡：在自认为毫无利用价值、地位低下的人面前，他们显得高人一等，对于这些人总是不屑一顾，甚至有些人还带着鄙视。

要知道，每个人的人格平等，意味着每个人都应该受到同等的尊重。尊重他人意味着尊重他人平等的人格，是人与人交往的基本要求，是每个人应有的对待他人的态度和方式。不因人们先天或后天的差异而区别对待，唯有这样我们才能受到别人的尊敬。

人生路漫漫，世间存百态，世象有纷繁，每个人在生命舞台上扮演的角色不尽相同，所以人们的生活态度、生活方式也迥然不同。但不管怎样，面对生活，我们在待人接物方面都应摆正心中的天平。

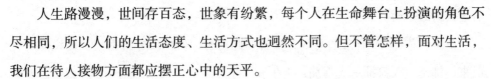

学会平衡自己的身心

老子曾经说："载营魄抱一，能无离乎？"意思就是你的身体承载着心灵，你能保持而使它们不分离吗？用在心理学上，就是问你能使自己的身心常处于平衡的状态吗？对于幸福，杨蕾在其新书《幸福还差一点点》中，给出的答案让人眼前一亮："幸福并不是我得到了什么，幸福是一种能力，是一种调节身心平衡、调节人与社会平衡的能力。"

萨班哲先生是土耳其的首富，在大街上跑的所有丰田汽车，都是他家生产的，凡是有蓝底白字 sA 字母牌子的地方，都是他家的产业，凡是有蓝底白字 sA 字母商标的东西，都是他家的产品。在土耳其，sA 的标志，处处可见，而萨班哲的名字，更是家喻户晓。

如此富有的人，却也有命运不济的地方，他的两个孩子，一个儿子，一个女儿，都是残疾弱智，命运，就是这样和他这样开着残酷的玩笑，他却以为这其实就是生命给予他的一种平衡而不去怨天尤人。他的想法和我们古人的想法很有些相似之处：人有悲欢离合，月有阴晴圆缺，此事古难全。想到生命这样的一点平衡的意义，他的心也就自然平衡了。命运在一方面给予他别人无法企及的财富，在另一方面却给予他对比如此强烈的惩罚。他想开了，惩罚也可以变成回报，两者之间沟通的桥梁需要的就是生命的平衡力量。于是他将富裕的钱财，在伊斯坦布尔修建了一座残疾人公园，公园里所有的器械都是为残疾人专门设计的，就连游乐场上的摇椅，都有供残疾人不用离开轮椅就能坐上坐下的自动装置。他希望以自己能够做到的事情来平衡更多残疾人不如意的生活，从而使自己不如意的生活达到新的平衡。

萨班哲先生70有余的时候，尽管如此富有，但依旧非常抠门。传说他一直以来，都是一天只抽一支雪茄，上午和下午各半支，一天只喝一小杯威士忌。但到了该花钱的时候，他却一掷千金，如伊斯坦布尔的那座残疾人公园，他在富有和贫穷、健全与残疾、得到与失去中寻找到了自己的平衡点。

我们能够拥有他这样洒脱而平衡的心态吗？我们能够拥有他这样得失淡定的自我平衡的力量吗？如果我们也一样拥有，我们的人生就会和萨班哲先生一样过得充实而愉快，而不会因为一时的得意而忘乎所以，因一时的失意而绝望到底吗？如此我们便能像萨班哲先生一样在世事的跌宕中历练自己，在生命的平衡中体味到人生的意义。

生活需要激情，生活需要色彩，生活更需要平衡。平衡是一种境界：它是人生舞台上一枚永不停息、旋转不止的陀螺，它是生命之旅中一只乘风破浪、扬帆远行的小船。平衡是一种选择：它不可能自己出现，更不能被视为理所当然，平衡只会在你的努力下获得。

懂得了生命中的这个意义，不仅是让我们不必为我们自身的长处而骄傲，也不必为我们自身的短处而悲观；也不仅是让我们知道拥有再多总会有失去的时候，而且是更让我们知道失去得再多总会有得到补偿的机会。正如诗人徐志摩所说，得之，我幸；不得，我命，如此而已。

人生智慧

◇圣人抱一为天下式。

◇载营魄抱一，能无离乎？

◇得之，我幸；不得，我命，如此而已。

第四章

老子跟我聊圆融处世

　　生活中，人人都希望自己在交际和处世当中能够做到左右逢源，游刃有余，然而，这做起来又谈何容易呢？老子告诉我们，在生活中要学会变通，懂得绕弯子，要像水一样活着。同时，在面对强者的时候，要能屈能伸，必要时能够适时地低头或者退一步。这样，我们在交际和处世中的道路和舞台就会越来越宽广。

懂得变通，事事才会顺通

我：夫子，现实中，我们总会遇到一些事情。在解决这些事情的时候，我们往往都会采用一些经验，但是，有时候经验并不管用。对于这点，您怎么看？

老子：你说的这些，我在《道德经》第五十二章中曾经提到：开其兑，济其事，终身不救。

我：夫子，您能针对我所提出的问题，来解释一下这句话吗？

老子：好的。其实，这句话的意思就是若遇事来临时，只凭自己的感觉、记忆、印象及价值观来决定行为，而不能就事论事，采取客观平等的态度去对待，则生活必然终生受挫，也无法真正地解决问题。

我：夫子，您的意思是说我们在遇到事情的时候，应该根据实际的情况进行变通，然后行事，这样才能解决好问题，对吗？

老子：你说得很对。要做到圆融处世，就要懂得变通，这样才能事事顺通。

【圆融处世解读】 **人生就像一条河**

老子说："开其兑，济其事，终身不救。"意即凭借自身的感觉、记忆为行动指导，不能客观对待事情，便很难解决问题，唯有一种"跳出三界外，不在五行中"的客观态度，挣脱思想枷锁的束缚，才能就事论事将问题解决掉。

一位犹太大师即将离开人世的时候，他的弟子们来到他的病床前同他诀别。弟子们站在大师的床前，最聪明的学生站在大师的头部，最笨的学生就排到了大师的脚边。大师渐渐地只剩下一口气了，这时最优秀的学生俯下身，轻声地问大师："先生，在您即将离开我们的最后时刻，能否请您以简洁的语言告诉我们，人生的真谛是什么。"

大师积攒了一点力气，从枕头上微微抬起头来，喘息着说："人生就像一条河。"

第一位弟子转向第二聪明的弟子，轻声说："先生说了，人生就像一条河，向下传。"第二聪明的弟子又转向下一位弟子说："先生说了，人生就像一条河，向下传。"这样，大师的箴言就在弟子们中间一个接着一个地传下去，一直传到床脚边那个最笨的弟子。他开口说："先生为什么说人生像一条河？他是什么意思呢？"

他的问题被传回去："那个笨蛋想知道，先生为什么说人生像一条河？"最优秀的弟子压住了这个问题。他说："我不想用这样的问题去打扰先生。道理很清楚：河水深沉，人生意义深邃；河流曲折回转，人生坎坷多变；河水时清时浊，人生时明时暗，把这些话传给那个笨蛋。"

这个答案在弟子们中间一个接着一个地传下去，最后传给了那个笨弟子，但是他还是坚持问："听着，我不想知道那个所谓聪明的家伙认为先生这句话是什么意思，我想知道先生自己是什么意思。'人生像一条河'，先生说这句话，到底要表达什么意思？"

这个笨弟子的问题又被传回去了。那个最聪明的学生极不耐烦地再俯下身去，对弥留之际的犹太大师说："先生，请原谅，最笨的那个学生要我请教您：'人生就像一条河，到底是什么意思？'"学识渊博的大师使出最后一点力气，抬起头说："那好，人生不像一条河。"说完，他双肩一耸，去世了。

真理与空言之间有时真的没有太多的差异，假设这位犹太大师在回答那位笨学生的"傻"问题之前死去，他的那句"人生就像一条河"也许就会被演绎成一套深奥的人生哲学。他那些忠实的门生会走遍世界，传播他的智慧，有人也会为此写出很多著作，发表很多感想等。

现实中，我们在接受别人所谓的唯一可行的办法，或者所谓的"板上钉钉"的道理时，要敢于提出创新的思路，挑战一切，不怕提出"愚蠢"的问题，永远不被权威人士吓倒。经验比象更根深蒂固左右我们的想法，我们常常认定："那事过去已经试过好几次了,那是不可能的。"“就是因为如此,这样的道理才行不通。"我们应该从因循守旧的观念中解放出来,珍惜创意,发扬光大,产生出崭新的情境。

正如俗语所说“穷则变,变则通”,当遇到困难时,不要立即认为难解决就否定泄气。不要被自己的想法、主观意识与既有的知识所拘束,重新坦诚地审视事态,往往会产生意想不到的新方法。

善于变通,往往就会有更多的机会

杨先生是一家大公司的高级主管,他面临一个两难的境地,一方面,他非常喜欢自己的工作,但是,另一方面,他也非常讨厌自己的上司,经过多年的共事,最近他已经到了忍无可忍的地步。在经过慎重思考之后,他决定去猎头公司重新谋一个别的公司高级主管的职位,猎头公司告诉他,以他的条件,再找一个类似的职位并不费劲。

回到家中,杨先生翻来覆去地想,还是觉得自己对这里非常满意,除了那个讨厌的上司。可是有什么方法能改变这一局面呢?忽然,他灵机一动,想出了另外一个方法。他把正在面对的问题换一个思路考虑,即把正在面对的问题完全颠倒过来看——他想到的是:我能不能让上司辞掉这个工作呢?第二天,他又来到猎头公司,这次他是请公司替他的上司找工作。不久,他的上司接到了猎头公司打来的电话,请他去别的公司高就。因为新的工作也是待遇优厚,所以他的上司没考虑多久,就接受了这份新工作。

这件事最恰到好处的地方,就在于上司接受了新的工作,结果他的位置就空出来了,于是杨先生顺理成章地坐上了以前上司的位置。在这个故事中,杨先生本意是想替自己找个新的工作,以躲开令自己讨厌的上司,但他选择了变通,换了一个角度,为他的公司找了一份新的工作,结果,他不仅仍然干着自己喜欢的工作,摆脱了令自己烦心的上司,还得到了意外的升迁。

我们要知道,事情是客观存在的,而我们确实可以转换自己的思维来做事的。

在必要时我们要善于改变，而不能一味坚守着过去的规矩。改变做事的规则，我们就掌握了办事的主动权。很多人总是在路走不下去的时候，才想着改变，而事实上，这时已经太晚了。我们要获得主动，就应该未雨绸缪，在最适合的时候做出改变，这样才能永远走在他人前面。

懂得变通，懂得换位思考的人，从来都是聪明的。他们总能独具慧眼，找到一条新的路，让自己取得办事成功。而不敢创新或者说不愿意创新的人，他们头脑中的标准已经固定，这使他们常常不能换其他方法去想问题，结果当然是失败。

处世智慧

◇开其兑，济其事，终身不救。

◇跳出三界外，不在五行中。

◇穷则变，变则通。

像水一样活着

【聊天实录】

我：夫子，大自然的法则是适者生存这个法则同样适用于人类，现实中，您认为我们应该怎样去做呢？

老子：对于这点，我在《道德经》第八章中曾经说道：上善若水，水善利万物而不争。居众人之所恶，故几于道。

我：夫子，您能将这两句话解释得更明白一些吗？

老子：这句话的意思就是最高的善就像水那样。水具有滋润万物的本性，而与万物毫无利害冲突；水具有宽广的胸怀，甘居于人们所厌恶的卑下、垢浊的地方，所以，水之善就接近于"道"了。

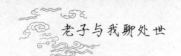

【圆融处世解读】   韩信忍辱成大事

老子说：天下莫柔弱如水。水没有一种固定的形状，因而能因物赋形。无论多小的缝隙，水都能钻过去；无论遇到多么不规则的石头，水都能绕过去；无论多么混浊或清澈，水都照样可以生存。

"明白应变，屈伸自如"，是在时机不到时伺机待时，不贸然行动，等到自己有足够的力量时，才把握时机猛然出击，一战而胜。能屈能伸是判断形势和力量，以便能找到弃弱取强的关键。"明白应变，屈伸自如"，是在狭小的空间里，能最大限度的屈下身来保护自己，在发展的机会来临、前景广阔的时候，又能最大限度地挥洒自己的智能与才干。

汉初名将韩信年轻时家境贫穷，而他本人既不会溜须拍马，做官从政；又不会投机取巧，买卖经商，整天只顾着研读兵书。最后，他只能背上家传宝剑，沿街讨吃。

一天，有个财大气粗的屠夫看不起韩信这副寒酸迂腐的书生相，故意当众奚落他说："你虽然长得人高马大，又好佩刀带剑，但只不过是个胆小鬼罢了，你要是不怕死就一剑捅了我，要是怕死，就从我裤裆底下钻过去。"说罢，双腿架开，立了个马步。众人一哄围上，且看韩信如何动作。韩信打量着屠夫，想了一想，竟然弯腰趴地，从屠夫裤裆下边钻了过去。街上的人顿时哄堂大笑，都说韩信是个胆小鬼。

韩信忍气吞声，从此，闭门苦读。几年后，各地爆发反抗秦王朝统治的大起义，韩信闻风而起，仗剑从军，终于得到汉王刘邦的重用，设坛拜封为大将军，统领全军，争夺天下威名四扬。

韩信忍胯下之辱而图盖世功业，成为千秋佳话。假如他当初一剑刺死羞辱他的屠夫，按法律处置，则无异于以盖世将才之命来抵偿无知狂徒之命。假如他当时图一时之快，与凌辱他的屠夫斗殴拼搏，以效益量计，也无异于弃鸿鹄之志而与燕雀争论，韩信深明此理，宁愿忍辱负重，也不愿争一时长短而毁弃自己长远的前程。这样的变通，不是屈服，而是退让中另谋进取，不是逆来顺受，甘为人下，而是变通求全以便我行我素，一旦时机一到，他就如同水底潜龙冲腾而起，施展才干，创建功业。

大丈夫能屈能伸，能刚能柔，就是源于韩信的典故。在常人看来，胯下之辱绝对让人不堪忍受，然而韩信爬过去了，而且爬过去以后拍拍身上的尘土扬长而去，这是何等的胸襟和气魄！

一个人一时遇到了失利，在小事上要忍让，尽量大度些。就像水一样，遇到了小石头，就先绕过去，这样，可以避免那些不必要的麻烦或纠缠，甚至可以避免掉不必要的牺牲，才能在曲折中继续前行。留得青山在，还怕没柴烧？像水一样，遇到了小石头，就先绕过去，并不是我们怕，而是要看到人生的两种境界。

作家冯梦龙在其著作《智囊》中，认为人与动物一样，当形势不利时，应当暂时退却，以屈为伸，否则，必将倾覆以致灭亡。蟿会缩身体，鸷会伏在地上，动物都有这样的智慧，以此来保全自身，难道我们人类还不如动物吗？当然不是。人更应该学会保护自己，以期发展自己。冯梦龙的屈伸分寸之说，通俗易懂，古今结合，事理结合，具有一定的说服力。纵观历史，有多少像韩信一样的人物，为成就自己的事业、实现自己的理想，在必要的时候，使用了屈伸之术，从而保存自己，待时机一到，便东山再起。历史说明了，善于使用屈伸之术，该屈则屈，该伸则伸，较好地掌握其分寸，是成就大业的重要途径。

现实中，我们更应该懂得适者生存的道理。那些深通权谋的人，他们之所以能够成为俊杰，就是因为他们就像水一样，适应不同的环境，采用不同的生存方式，就像《鬼谷子》中所说的："或阴或阳，或柔或刚，或开或闭，或弛或张。"

能屈能伸大丈夫，"能屈"就是在受到意想不到的屈辱时能够咽下心中的恶气，反而激发起自己的奋斗的力量，忍辱负重，守静待时；"能伸"就是在柳暗花明之时，持力而为，繁荣人生。可见，能屈能伸是一种变通策略，只有掌握了屈伸的技巧与分寸，才能披荆斩棘，无往而不胜。

能屈能伸大丈夫

加拿大魁北克有一条南北走向的山谷，山谷没有什么特别之处，唯一能引人注意的是它的西坡长满松、柏、女贞等树，而东坡却只有雪松。这一奇异景色之谜，许多人不知所以，然而揭开这个谜的，竟是一对夫妇。

那是 1993 年的冬天，这对夫妇的婚姻正濒于破裂的边缘，为了找回昔日的爱情，他们打算做一次浪漫之旅，如果能找回就继续生活，否则就友好分手。他们来到这个山谷的时候，天下起了大雪，他们支起帐篷，望着满天飞舞的大雪，发现由于特殊的风向，东坡的雪总比西坡的大且密。不一会儿，雪松上就落了厚厚的一层雪，不过当雪积到一定程度，雪松那富有弹性的枝丫就会向下弯曲，直到雪从枝上滑落。这样反复地积，反复地弯，反复地落，雪松完好无损。可其他的树，却因没有这个本领，树枝被压断了。妻子发现了这一景观，对丈夫说："东坡肯定也长过杂树，只是不会弯曲才被大雪摧毁了。"少顷，两人突然明白了什么，于是紧紧地拥抱在一起。

古来先哲为人处世、安身立命的"屈伸学"，原本是效法自然、模仿万物的变通经验总结。一屈、一伸原是人与万物的本能，也是处世求存的智慧。本能是先天的潜力，智能是后天的功夫。

生活中我们承受着来自各方面的压力，日积月累终将让我们难以承受，这时候，我们需要像雪松那样弯下身来，释下重负，才能够重新挺立，避免被压断的结局。弯曲，并不是低头或失败，而是一种弹性的生存方式，是一种生活的艺术，更是"不战而胜"的变通策略。做人应学会像水一样，善于随着周围的环境改变而改变，不断调整自己，改变自己，使自己能够适应周围的大环境。

处世智慧

◇天下莫柔弱如水。

◇明白应变，屈伸自如。

◇或阴或阳，或柔或刚，或开或闭，或弛或张。

不知道绕弯子的人难以全胜

【聊天实录】

我：夫子，世间的事情往往很复杂，面对一些难处理的事情，我们怎样才能处理好，处理周全呢？

老子：对于你说的这个问题，我在《道德经》第二十二章中曾经说道：古之所谓"曲则全"者，岂虚言哉！诚全而归之。

我：夫子，这句话应该怎样理解呢？您能给我们解释一下吗？

老子：这句话的意思就是古时所说的委屈才能保全等话，怎么能是空话呢！它确实能使人圆满成功。

我：夫子，您的意思是说，在处理一些复杂的、难办的事情的时候，要懂得委曲求全的道理，对吗？

老子：你说得很对，一个人不知道绕弯子，是很难取得全面的胜利的，有时候甚至是难以保全自己的。

【圆融处世解读】 **孙膑请师**

老子在这里说的委曲求全，原意是说，不知道绕弯子的人难以全胜。

鬼谷子给他的学生出了个题目：谁要是能让他出房门，谁就可以出师下山了。庞涓威逼利诱，想尽办法也不能使鬼谷子出门。轮到孙膑了，孙膑说："我在答题之前已经知道了题目，这对庞涓不公平。我虽然没有本事，让老师出来，却自信能让老师从门外进去。"结果鬼谷子中计出来了。庞涓不服，孙膑说："天底下哪有学生给老师出题的道理呢？老师自己心甘情愿出来的，哪能怨我呢？"

高明的人说话时总是喜欢譬喻或引用寓言，直接告诉一个人该做什么，不该做什么，并不很好；如果打个比喻说个笑话，启发别人自己去心领神会，那才是真正的善于说教。照章执行常常会顾此失彼，一看不对劲，别人就再也不屑一顾了。有的老师教学生做作文，总爱传授写作技巧，并加以专门训练，希望他们能有匠心，结果适得其反，一些学生的作文让人笑破肚皮。反之，什么也不告诉他，让他多读一些好文章，思路不要被那些技巧框框套死了，学生反而知道文势如何呼应、渲染。

孙膑画像

《孙子兵法》云："迂其途，而诱之以利，后人发，先人至，此知迂直之计者也。"这便是"枉则直"的道理。两口子吵架，非要争个明白，通常是没有结果的。只有一个人不作声了，双方熄火了，才能好商量，所以，在现实中直来直去的人往往会经常碰壁。

曾国藩圆润通达而避祸

曾国藩是在他的母亲病逝，在家守丧期间响应咸丰帝的号召开始组建湘军的。不能为母亲守三年之丧，这在儒家思想看来是不孝的，但是由于当时的局势紧迫，他听从了好友郭嵩焘的劝说，"把对母亲的孝变为对国家的忠"，出山为清王朝效力。

可是，他的锋芒毕露，处处遭人忌妒、受人暗算，最后连咸丰皇帝也不信任他。1857年2月，他的父亲曾麟书病逝，清朝给了他3个月的假，并且命他假满后回江西带兵作战。曾国藩伸手要权被咸丰帝拒绝，随即上书试探咸丰帝，说自己回到家乡后日夜惶恐不安。"自问本非有为之才，所处又非得为之地。欲守制，则无以报九重之鸿恩；欲夺情，则无以谢万节之清议。"咸丰皇帝十分清楚曾国藩的意图，他见江西军务已有所好转，而曾国藩现在只是一只乞狗，效命可以，授予实权是绝对不可以的，于是，咸丰皇帝朱批示说："江西军务逐渐有起色，即楚南亦就肃清，汝可暂守礼庐，仍应候旨。"假戏真做，曾国藩真是哭笑不得，同时，曾国藩又要承受来自各方面的舆论压力。

此次曾国藩离军奔丧，已经属于不忠，在此之后又用复出作为要求实权的砝码，这与他平日所标榜的理学家面孔大相径庭，因此，招来了种种指责与非议，再一次成为舆论的中心。来自朋友的规劝、指责，曾国藩还可以接受，如吴敏树致书曾国藩，谈到"曾公本以母丧存籍，被朝命与办湖南防堵，遂与募勇起事。曾公之事，暴于天下，人皆知其有为而为，非从其利者。今贼未平，军不少息，而迭遭家故，犹望终制，盖其心诚有不能安者。曾公诚不可无是心，其有是心而非讹言之者，人又知之。奏折中常以不填官衔致指责，其心事明白，实非寻常所见"。

吴敢把一层窗纸戳破，说曾国藩本来应该在家守孝，却出山，是"有为而为"。上给朝廷的奏折有的时候不写自己的官衔，这是存心"要权"。在内外交困的情况下，曾国藩忧心忡忡，逐渐使他失眠，朋友欧阳兆熊深深地知道他的病出自何处，一方面为他推荐医生诊治失眠，另一方面为他开了一个治心病的药方，"岐、黄可医身病，黄、老可医心病"。欧阳兆熊借用黄、老来讽劝曾国藩，暗暗比喻他过去所采取的铁血政策，未免偏激。朋友的规劝，不得不使他陷入深深的反思。

自从率湘军东征以来，曾国藩有失败也有胜利，四处碰壁，究其原因，固然是由于没有得到清政府的充分信任以致没有授予地方实权所造成的，同时，曾国藩也感到自己在修养方面有很多弱点，在为人处事的方面对自己的意见过于执着，自以为了不起，一味蛮干。后来，他在写给弟弟的信中，谈到了由于改变了为人处事的方法而带来的收获，"兄自问近年收获唯有一悔字诀。兄以前自负本领甚大，可屈可伸，可行可藏，又每见得人家不顺眼。自从丁巳、戊午大悔大悟之后，

第四章

老子跟我聊圆融处世

才知自己其实没什么本事，凡事都见得人家有几分不对，故自戊午至今九载，与四十岁以前心境不一样，大约以能立能达为体，以不怨不尤为用。立者，发奋自强，站得住也；达者，办事圆融，行得通也。"

经过多年的经验，曾国藩深深地意识到，仅仅凭借他一人的力量，是没有办法扭转官场这种状况的，如果想要继续做官，那么唯一的途径，就是去学习、去适应。"吾往年在官，与官场中落落不合，几至到处荆榛。此次改弦易辙，稍觉相安。"此一改变，说明曾国藩在官场的起起落落之中，渐渐地成熟与世故了。

然而，认识的转变过程，就仿佛还经历炼狱再生一样，需要经历痛苦的自我反省，每当曾国藩回想起昨日的对错时，常常被追忆昔日"愧悔"的情绪氛围所笼罩。因此，在家守制的日子里，曾国藩脾气很坏，常常因为小事连累各位兄弟，一年之中和曾国荃、曾国华、曾国葆都发生过口角。在三河镇战役中，曾国华遭遇不幸，这使曾国藩陷入深深的自责当中，在其后的家信中，多次检讨自己在家期间的所作所为。

在经历了一段时期的反省以后，曾国藩在自我修身方面有了很大的改变，一直到他重新出人头地，为人处事不再锋芒毕露，渐渐地变得圆融、通达起来。

人生在世，总难免会遇到一些损害自己利益的事情，或者是难以处理的事情，如果只顾直来直去地做，往往很难解决。这个时候，我们就要学会圆润通达办事，学会绕个弯子去办事，这样，往往就会有意想不到的结果。

处世智慧

◇迂其途，而诱之以利，后人发，先人至，此知迂直之计者也。

◇立者，发奋自强，站得住也；达者，办事圆融，行得通也。

◇不知道绕弯子的人难以全胜。

做人要学会低头和拐弯

【聊天实录】

我：夫子，在生活中，多数人认为应该显得强势一些，这样才能不受别人的欺负，同时，在处理事情的时候，也会更有竞争力。对此，您怎么看呢？

老子：对于你说的这些，我曾在《道德经》第二十二章中提到：曲则全，枉则直，洼则盈，敝则新。

我：夫子，这句话怎样理解呢？您能解释一下吗？

夫子：这句话的意思就是委屈便会保全，屈枉便会直伸，低洼便会充盈，陈旧便会更新。

我：夫子，您的意思是说很多人之所以最后无所收获，就是因为他们只知追逐而不知归真。如果你遇到了阻力，要静下心来转个弯，寻求解决的方法是最好的选择。死脑子一根筋，那样不仅于事无补，而且自己也会活得焦头烂额，对吗？

老子：你说得很对。一个人在处世当中，要学会低头和拐弯，这样才能做到游刃有余。

【圆融处世解读】　　**吕后善于屈伸而获胜**

在为人处事方面，老子认为能够经受得住委屈，才能够保护周全自己的利益；能够弯曲，才能有一展宏图的机会。老子的这一观点，正是我们为人处世须时刻牢记的人生大智慧。在人生的舞台上，我们会遇到许许多多的不公与压迫，倘若仅凭一时之气奋起反抗，往往解决不了问题，反而会造成更不利的局面。

大丈夫能屈能伸，没有胜算的时候，就不能去硬拼，只能隐忍，隐忍并不可耻；只要在这段时间内积蓄力量，待形势一变，必能稳操胜券。吕后虽然是一介女流，但却有着过人的智慧，在能屈能伸这方面，她的做法确实高人一筹。

汉高祖刘邦去世后，吕后临朝称制。匈奴单于冒顿曾把刘邦和 30 万汉军围困在平城达 7 日之久，对大汉也很轻视，然而对刘邦还多少有些忌惮。

刘邦一死，冒顿单于便心骄气傲，想挑起战端，便派使者给吕后送去一封信，上面说："孤独苦闷的君王，生于荒野大泽之中，长于旷野牛马蕃育的区域，多次到达边境，希望能游览中国。陛下独立，孤独苦闷孀居，两位君主都不高兴，也没办法让自己快乐起来，希望以我的所有，换你的所无。"

这竟然是一封言辞襄慢的求婚书，冒顿单于妻妾成群，自不会对吕后这位老太婆有何兴趣，不过是借戏侮她来戏侮汉朝。

吕后见信后大怒，便召集群臣商议，要大举讨伐匈奴以雪此辱。

吕后的妹夫樊哙率先高喊道："我愿带十万人马，横行匈奴！"吕后大喜，季布却怒声叱说："樊哙理应斩首。"

朝堂上的人都吓了一跳，不知季布在哪儿偷吃了熊心豹胆，竟要斩元勋国戚。

季布说："当年高帝率三十万精兵讨伐匈奴，却被围困在平城七日七夜，那时樊哙也在军中，却束手无策。今日为何就能以十万人马横行匈奴之中，这不过是当面阿谀陛下，犯欺君之罪，按律当斩。"樊哙被质问得哑口无言，其他众将也纷纷附和说，以高皇帝之英武，尚被困于平城，匈奴势力强盛，委实不宜擅起战端。

吕后见众将意思一致，回头细想也确实如此，便忍下这口恶气，退朝回到宫内，不再提讨伐匈奴的事了。

过后吕后为安抚冒顿单于，居然婉约地写了一封拒绝信，上面说："单于不忘我中国，赐给书信，我等国人都很恐惧，我自思自忖：身体老迈，气息也衰弱，牙齿也脱落得差不多了，走路的步子都不均匀，单于听信了传言，我实在不足以使您自污。我国无罪，应在您赦免之列。我有自己坐的车两辆，马八匹，送给您平时乘坐。"然后派宦官张泽送去。

单于冒顿原以为汉朝一定会倾竭国力攻击自己，因此严加戒备，没想到等来的不过是一个汉使，读信后反倒觉得羞愧，便又派使者送给吕后好马，回信说："我生长荒野，没听过中国的礼义，多亏陛下赦免了我。"后来又和汉朝和亲。

由吕后巧避冒顿的挑衅而获得胜利的事例中，我们不难发现：在恰当的时候不与别人争长短，懂得避其锋芒、故意示弱，往往能令对手不寒而栗，因为谁都知道，能够如此做的人都是智者，而非莽夫。

古人讲"小不忍则乱大谋"，在某些时候，我们就应该多运用老子的"曲则全，枉则直"的处世哲学。该低头的时候就低头，该拐弯的地方就拐弯，这样才能避免祸患，赢得胜利。

苗家人低头处世之道

苗家人的房屋有个特点，屋子不大，里面却可以有几十个房檐和门槛。平日里，苗寨里的乡亲们背着沉甸甸的大背篓从外面穿过这些房檐和门槛走进来，可从来没看见他们当中有人撞到房檐或者是被门槛绊倒。

一位外乡人感到很奇怪，就问当地的一位老人："有这么多的障碍，为什么不见你们当中有人碰头、摔跟头或者被门槛绊倒？"

老人回答说："在这样的屋子里行走，要记住一句话：要能低头，但不能弯腰。低头是为了避开上面的障碍，看清楚脚下的门槛，不弯腰则是为了有足够的力气承担起身上的背篓。"外乡人听完老人家的话，陷入了沉思。

要能低头，但不能弯腰。我们对生活的态度，不也应该如此吗？苗家的房舍不正像我们的生活吗，一路上充满了房檐和门槛，一个不大的空间里到处都是磕磕绊绊，而我们肩膀上那个大背篓里装满了我们做人的尊严。背负着尊严走在高低不同、起伏不定的道路上，我们必须时刻提防四周的危险。为了不磕头，不摔跟头，我们开始学会了低头。低头做人，低头处世，把自己的锋芒收敛起来，小心翼翼地低头走路。

人要学会低头，还要学会转弯。遇到挫折能转弯，转过这个弯，人生又是另一番风景。路在脚下，更在心中，心随路转，心路常宽。学会转弯也是人生的大智慧，挫折往往是转折，危机同时也是转机。

我们思考问题、说话、办事都要懂得"曲则全"的道理。虽然两点之间直线最短最省事，但两点之间如果有一道沟坎，就不得不绕个圈子到达。做人，善于运用巧妙的曲线只此一转，便事事大吉了。换言之，做人要讲艺术，便要讲究曲线的美。平时说话，要学会委婉，委婉就是曲，不要一见面就直截了当说明自己的意图，那样往往会把事情办砸。有时扯半天闲话，造成了和谐的气氛时才点明主题，达到自己的目的。

在外交场合更得注意辞令，古人说："一言可以兴邦，一言可以丧邦。"就是这个道理。谈判桌上一句话不中听的话，很可能引发一场战争，会说话的，折中于樽俎之间，在饭桌上就把问题摆平了。在人与人的关系以及做事情的过程中，我们很难直截了当就把事情做好。我们有时需要等待，有时需要合作，有时需要技巧。我们做事情会碰到很多困难和障碍，有时候我们并不一定要硬挺、硬冲，我们可以选择有困难绕过去，有障碍绕过去，也许这样做事情更加顺利。

人生在世，不管是做人还是做事，都要懂得圆融，必要的时候学会低头和拐弯。很多时候，你只要轻轻地转个弯儿，也许就是灿烂阳光、康庄大道。

处世智慧

◇曲则全，枉则直，洼则盈，敝则新。

◇小不忍则乱大谋。

◇要能低头，但不能弯腰。

此时无声胜有声

我：夫子，在人与人之间的交往中，说话的艺术是非常重要的。在这个过程中，我们怎样才能让自己的话显得非常的圆融呢？

老子：对于你说的这点我在《道德经》第四十章中曾经说到：大音希声。

我：夫子，您说的这句话应该怎样去理解呢？

老子：这句话的意思就是说最高的乐声往往听不到。

我：夫子，您的意思是不是说在人际交往中，要想自己说话更加圆融，有时候需要也需要适时沉默呢？

老子：你说得很对，适时沉默，往往会起到无声胜有声的效果，让你交际更顺利。

【圆融处世解读】

无言的处世技巧

沉默是金，懂得沉默也是一种能力。适时的沉默是低调做人的智慧金诀。巧妙地应用它，将会收获意想不到的效果。

维特根斯坦说："凡是可以说的，就能明白地说；凡是不可以说的，就必须沉默。"沉默丰富了我们的言说——既丰富了我们言说的内容，又丰富了我们言说的技巧。

《西游记》上，当钟上响起来的时候菩提祖师手持戒尺在孙悟空头上打了三下，孙悟空就明白了是让他三更时分进去传道。现在我们像孙悟空一样玲珑剔透还很难，但我们至少应该懂得别人不说话是什么意思。"无言"不是什么也不说，而是"我正在说"。之所以"无言"看起来没有话，是让话在肚子里自己与自己对话，或借助身体语言暗示。"没有话"时，人全身都在说话，眼神、嘴唇，甚

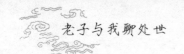
至拿杯子的动作、走路的姿势全都在做明确的言说。粗心的人一见别人不说话就闷，细心的人会从对方的无言中解读对方的语言、态度、观点与暗示、指示。

"多言数穷"，就是说话多了会让自己智穷词穷。我们常常看到一些人喜欢喋喋不休，实际上他自己也知道没有效果，所说的不会实现。所以当有人特别话多时，可以让他说个够，以冷场来对付他。这种人只要你一开口他就来劲，说天说地，不知所云，让人头晕。这时我们或者强行打断他，逼问他："你究竟在说什么？"或直接说："你能否把你的观点一句话说清？"或者沉默乃至离去，让他自己无趣。

现实中，总会有人在心中恨恨不平："他们为什么老是攻击我？"这总是事出有因，一定是自己在什么场合说过什么足以让人攻击的话，多言的结果往往就是死。你把别人说赢了意义也不大，弄不好会把对方逼急，做出什么暴力行为。很多人说话滔滔不绝，天下公理都被他说尽了，殊不知在他最得意时往往会被迎头一击。人不能陶醉于自身，至少要一边说话一边看人，不要自顾自抒情、演说，那样只会让自己不好收场。

老子说"多言数穷"，一个"穷"字道出了话多之人的窘迫。"多言数穷"，实际上提出了三个命题：一就是"多言数穷"，指话说多了会智穷词穷；二就是"少言数中"，指适当说话可以应付自如；三就是"不言数丰"，指不说话会觉得说了很多。显然老子是侧重于第三点，当他说"多言数穷"的同时，也就是在说"无言数丰"。老子主张"无为"，所以也主张"无言"。很多人平时沉默寡言，关键时候不说则已，说则语惊四座，这无疑是值得肯定的行为。

人们在说话时往往只知道自己在说话，而不知道说了什么，所以要想知道自己说什么，最好不说话，那就是沉默。荀子也说过："言而当知也，默而当知也。"即由发言而论及核心，可谓"知"；保持静默同样能达到核心的，也可以称得上"知"。他所要表达的意思是，无论雄辩或沉默均是相同的。有时候无须开口说话，利用表情、眼神、举止、态度等等，也能充分地表达意念而接触到核心。现在的社会复杂多变，有时候不开口比开口更有效，所谓知者不尽言，即"沉默是金"，利用沉默的效果，往往会产生令人意想不到的效果，正所谓"此时无声胜有声"。总之，"适时沉默"同语言一样具有表达能力，很好地掌握并利用它，就能达到你所希望的结果。

周公沉默道答案

周武王伐纣王取得殷后，听说殷有个长者。武王就去拜访他，问他殷之所以灭亡的原因。这个长者回答说："大王想知道这个，那么就让我在中午的时候来告诉你吧。"然而到了中午，那位长者却没来，武王因此很生气，暗暗责怪他，可周公说："我知道了，这位长者真是一位君子呀！他义不诽主。正如和人约好了而不来，言而无信，这不正是殷之所以灭亡的原因吗？这位长者已经以他的行为告诉大王答案了。"

沉默是智慧，古希腊哲学家泰勒斯说"多说话并不表明有才智"，卡蒂尔有句名言说："雄辩是银，沉默是金。"

生活中无数事实告诉我们，必要的沉默不是软弱，而是理智和大度；不是冷漠，而是内心深处的安宁和淡泊；不是消沉和放弃，而是奋进的前奏。人总是在饱经世间的喧嚣和争斗之后，才归于恬淡和平静，彻悟沉默是无价之宝。

在与人相处的过程中，简洁地表达你的看法，然后保持沉默，留一个宁静的空间给别人去慢慢思考。在你批评别人时，适当的沉默可能起到此时无声胜有声的效果。通常来讲，当你批评他人时，那人一定情绪相当激动，他可能不但不虚心接受意见，而且还会反唇相讥，使出浑身解数为自己开脱。这时，你就需要保持沉默。你的沉默、你的无言是对当事人的一种威慑，这既显示出了你宽广的胸怀与大度的品格，又给对方留有思考的余地，他的态度也会就此改变。你的沉默并非是对矛盾的回避、对错误的迁就，而是在提醒对方，冷静才是解决问题之道，在无声的战场上，情绪越是强烈的人，越是会陷入被动的局面。

"适时沉默"有时还是有效的缓兵之计。现实中，也许你最不愿意看到的情形就是人与人之间的内部争执。争执的结果是将和谐的人际关系搞得一团糟，谁还能安心专注于做事呢？适当保持沉默吧，等争执的双方失去了精神上的亢奋、精疲力竭之后，再发表你的意见也不迟。头脑发热时的人们只想向外发散能量，谁会再去接受你的善言良语呢？你的沉默可使矛盾冲突趋于缓和，当人们争辩得不可开交时，看到身边有这样一位静静的旁观者，他们也许会后悔于那丑态百出的激烈交锋的。

"桃李不言，下自成蹊；冰炭不言，冷热自明。"有一些蕴藏在内心深处的美德，一旦用语言表达出来，其中的韵味往往荡然无存，抑或索然寡味。如对他人表示关爱时，默默地给予实际帮助，比口若悬河的表白更显真诚，更具感人魅力。此时，尽管什么都没说，又仿佛什么都说了，可谓无声胜有声。

面对复杂局面和大是大非，沉默往往是潜心思索，凝聚智慧，为从容应对积蓄力量。当然沉默不是故作深沉或天性木讷，而是盛开在心灵深处的智慧之花。"沉默是金"并不意味着"万马齐喑"，我们应当崇尚内心充实而不失真诚的沉默。沉默也不是不说话，而是要分场合，要分情况去说话，不能说则不说，保持适当的缄默，能说则尽量少说，以避免不必要的麻烦。"言多必有失"，有道德的人，绝不泛言；有信义者，必不多言；多言取厌，虚言取薄，轻言取侮，唯有保持适当的缄默，才会避免厌、薄、侮。

处世智慧

◇大音希声。

◇凡是可以说的，就能明白地说；凡是不可以说的，就必须沉默。

◇桃李不言，下自成蹊；冰炭不言，冷热自明。

忠言顺耳更利于行

【聊天实录】

我：夫子，人们常说，忠言逆耳利于行。然而，现实中，很多时候尽管我们是处于好心，如果说话的方式不对，往往也会让他人感到厌烦。您认为，面对这种情况应该怎样说话呢？

老子：对于你所说的这点我在《道德经》第六十三章中曾经说到：美言可以市尊，美行可以加人。

我：夫子，您能根据刚才的问题，对此解释一下吗？

老子：好的，这句话的意思就是美好的言语可取得别人尊重，美好的行为可以被人看重。

我：夫子，您的意思是不是说，即便是忠言，在说话的时候也要讲究方式，让话听起来顺耳呢？

老子：对，就是这个意思，忠言顺耳才更利于行。

【圆融处世解读】　　❧ **美言嘉言赢敬重** ❧

从人际交往来看，美好的言语，确实可以让人敬重。有的人因为品德高尚而被人看重，所以他说出来的"美言"、"嘉言"也使人可爱，也受人敬重。

唐代名臣魏征是一个敢于向唐太宗李世民进谏的人，他的"美言"不仅博得了当时人的尊重，而且也博得了一代代后人的敬重。他写了一篇《谏太宗十思疏》向唐太宗李世民提出思知足、思知止、思谦和等"十思"的建议，还向唐太宗进谏过一篇美文，叫《十渐不克终疏》。

贞观十三年，魏征看到唐太宗奢侈放纵，恐怕他不能坚持清廉到底，就上了奏章。他向唐太宗指出有十个方面"渐不克终"，渐就是渐渐，克就是能够，意

思是原来做得不错的，现在时间一长，渐渐不能坚持到底了。据说唐太宗看过以后感叹说："人臣事主，顺旨甚易，忤情尤难，公作朕耳目股肱，常论思献纳。朕今闻过能改，庶几克终善事。若违此言，更何颜与公相见，复欲何方以理天下？自得公疏，反复研寻，深觉词强理直，遂列为屏障，朝夕瞻仰。又录付史司，冀千载之下，识君臣之义。乃赐征黄金十斤，厩马二匹。"（《贞观政要》）。

还有一次唐太宗退朝回宫，生气地说："总有一天我要杀了这个乡巴佬。"长孙皇后很少见到他发这么大的脾气，问要杀了谁。唐太宗说："还不就是那个魏征，总是在朝堂上当众羞辱我，叫我实在忍受不了！"皇后听了，也不表态，马上退回内室，穿戴好一套朝见的礼服站在庭堂上，唐太宗吃惊地问："这是干什么？"皇后说："臣妾听说，如果君主贤明，那么臣下就正直。如今魏征很正直，正是因为陛下贤明的缘故，臣妾怎能不庆贺呢！"

长孙皇后的一番美言，把唐太宗的满腔怒火浇灭了，他转而高兴起来了。后来魏征死了，唐太宗很伤心，亲自为他写了墓碑的碑文，还说了一番美言，流传于世："用铜做镜子，可以整理衣帽；用历史做镜子，可以知道兴亡的道理；用人做镜子，可以知道自己的过失。我经常用这三面镜子来检查自己的得失，如今魏征去世了，我就少了一面镜子啊！"

在我们的生活中，有时候需要迅速而有效地去改变另一个人的行为或想法。但直言相劝，通常都会持相反的态度或观点，如果出言不慎还会伤及彼此的感情，这时最好换一种方式，委婉地表达自己的想法或意愿。

直言相劝不如委婉示范

伊尔奇是英国一家大型连锁超市的经理，每天他都要到他的连锁店去巡视一遍。有一次他看见一名顾客站在台前等待，却没有一个售货员对她有所注意。那些售货员们在柜台远处的另一头挤成一堆，彼此又说又笑。身为经理的他当然对这一情况很不满意，而且决定要纠正这种不负责任的行为。但伊尔奇并没有直接地指责那些在上班时间闲谈的售货员，他采取了巧妙暗示、保全员工面子的方法处理了这件事。他站在柜台后面，亲自去招呼那位女顾客，然后把货品交给售货员包装，接着他就走开了。售货员看到伊尔奇亲自为顾客服务的情景，意识到了自己的失职，并深深地为此感到自责，从此以后类似的情况再也没有再次发生了。

纽约的玛丽女士也是运用自己的行为做出示范，巧妙地暗示一群懒惰的建筑工人在帮她盖房子之后及时地清理现场。在开始的时候，玛丽女士每天下班回家，都发现满院子都是锯木屑。她不想去跟工人们抗议，因为他们工程做得很好。所以等工人走了之后，她跟孩子们把这些碎木块捡起来，并整整齐齐地堆放在屋角。次日早晨，她把领班叫到旁边说："我很高兴昨天晚上草地上这么干净。"从那天起，工人们每天都把木屑捡起来堆好放在一边，领班也每天都来看看草地的状况。

这种委婉示范的方法，既可以维持对方的自尊，也可以使对方认为自己很重要，从而使他希望和你合作把事情办得更好，而不是反抗或抵触。这种以身示范的委婉劝说法也特别适于那些辈分高、资格老，或者担任一定领导职务的人。这样做既可让对方明白你不大赞赏他的行为习惯或态度、作风，又不伤尊严和感情。

千人千面，人人都有不同的性格和脾气。有的人注意细节，做什么事都有个讲究；有的人则不拘小节，许多方面都随随便便。在劝说一个人的时候，稍不留心，就会伤害彼此的感情。因此，与其直言相劝，不如委婉示范，以身作则，让对方明白有些事怎样做更好。

忠告的最终目的就是使对方从中受益，所以，在提忠告时，我们一定要让对方明白你的一番好意。为此，你就要谨慎行事，不可疏忽大意，随便草率。此外，讲话时态度一定要谦和诚恳，用语不能激烈，否则对方就会觉得你是在教训他。但也不必过于委婉，因为那样对方可能会觉得你不真诚，或者认为你假惺惺的，反而会觉得厌恶。

再者，提忠告时不要用比较的方式。此时的比较，往往是拿别人的长比对方的短，这样很容易伤害对方的自尊心。另外，提忠告要选择适当的场合和时机。比如，当部下尽了最大努力，但却没有把事情办好时，你最好不要当即向他们提出忠告。如果你这时不合时宜地说"如果不那样就不至这么糟了"之类的话，即使你指出了问题的要害且很有道理，部下的心里却会顿生"你没看见我已拼命了吗"的反感，效果当然就不会好了。相反，如果此时你能说几句"辛苦你了"、"你已尽了最大的努力"、"这事的确比较难办"一类的安慰话，然后再与部下一起分析失败的原因，最终部下是会欣然接受你的忠告的。还要注意提出忠告最好是一对一，要避开耳目，千万不要当着他人的面向对方提出忠告，因为这样做，对方就会受自尊心驱使而产生抵触情绪。

总之一句话，"忠言逆耳利于行"，忠言顺耳更利于行。

处 世 智 慧

◇美言可以市尊，美行可以加人。

◇忠言逆耳利于行。

退一步海阔天空

【聊天实录】

我：夫子，在当今社会，总有一些人非常强势，遇事毫不退让。对此，您怎样看？

老子：针对你说的这些，我在《道德经》第四十一章中曾提到：明道若昧，进道若退，夷道若类。

我：夫子，您能给我们解释一下这句话的意思吗？

老子：好的，这句话其实很简单，就是说光明之道恰似黑暗，进取之道恰似退守，直达之径反而似曲折。

我：夫子，您的意思是说，有的时候要想让自己处世更圆润，左右逢源，也需要学会退一步，对吗？

老子：很对，退一步海阔天空，有时候退步反而会有更好的效果。

【圆融处世解读】　　　退步也是一种处世艺术

老子认为，世俗人都希望别人跟自己一样，而对跟自己不一样的却很厌烦。他们总是把出人头地当作自己的追求，那些一心只想出人头地的人，实际上并没有脱离世俗！

老子认为光有超群的心理，却没有超出众人的实力，不如先学会退一步向他人学习，然后超出众人才水到渠成。纵观历史，也有借鉴的镜子。三国刘备再三低头让步：从三顾茅庐到孙刘联合，每一次低头，都会蹚到"柳暗花明又一村"，终于做成"三足鼎立"的辉煌，这是古人的典范。退一步需要有艺术，换句话说，退步，要退得有价值。

在强势面前，先退让一步，暂避其锋芒，待它的猛烈势头稍减后，再寻求解决之道，这样往往更有可能反败为胜。社会生活中，那些机智灵活的人，必然懂得"能屈能伸"、"能进能退"的道理。"屈"，不是懦弱，而是为了保存实力；"退"，不是认输，而是为了突破困境。

有一人在广告公司谋事，年轻易冲动，得罪了经理，在以后的日子里，每次开会都自然而然成为会议的第一个主题——挨批。被批得面目全非后，真想一走了之，但是转念一想，如果真的走了，一些罪名不光洗不清，而且会被蒙上厚厚的污垢；再者，这是一家很有名气的广告公司，自己完全可以从中源源不断地得以"充电"。于是坚持留了下来，整理好乱七八糟的心情，低头实干，以兢兢业

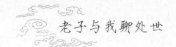

业来为自己疗伤，以实实在在的业绩回击谎言。一笔又一笔的业务，增添了他的信心，也使他积攒下了许多经验。坦率地讲，最重要的是，此人学会了退一步路会更宽的做人道理。

常打高尔夫的人知道，沙坑球难打，球在一个沙坑中，可能连续打了几次都不能成功。如果不再盲目往前击球，而是先把球往后打，球就很容易出了沙坑。出了沙坑后，在球道上就很容易往前走了。这个时候后退，是为了更好地前进。这是平常我们都可以理解的一句话，但在现实中真遇到这种情况时，能够做到的人却少之又少，勇于后退的人比勇于前进的人往往具有更高的智慧和更大的勇气。

在强势面前，先退让一步，暂避其锋芒，待它的猛烈势头稍减后，再寻求解决之道，这样往往更有可能反败为胜。机智灵活的人懂得能屈能伸、能进能退的道理，屈，不是懦弱，而是为了保存实力；退，不是认输，而是为了等待机会突破困境。

适时退让更利成功

英国 19 世纪政治家查士德·斐尔爵士曾对他的儿子说："如果有可能的话，要比别人聪明，却不要说你比他聪明。"不要在别人面前表现出高人一等、知识渊博，即使你真的见多识广、高人一等，也不要表现出来，否则，没有人愿意与你交往，因为与你在一起他会觉得自卑。有时候，适当退让也是一种智慧。

然而，在一些人的眼中，妥协似乎是软弱和不坚定的表现，似乎只有毫不妥协，方能显示出英雄本色。但是，这种非此即彼的思维方式，实际上是认定人与人之间的关系是征服与被征服的关系，没有任何妥协的余地。

2004 年 4 月 21 日，在华盛顿，第 15 届中美商贸联委会仅用了四个半小时的会谈时间，便就知识产权保护、美国对华高科技出口等重要议题达成共识，并签署了八项协议和换文，双方均称赞这次中美商贸联委会取得了"圆满成功"。

美国商务部长埃文斯则称这次会谈是中美关系发展史上的"里程碑"，而事实上这的确是一次十分成功的合作会谈。

任何一次成功的谈判都离不开谈判双方的妥协，这次会谈当然也一样。在这次会谈的过程中，中国代表表现出了友好协商、共同合作态度，而中国持这种态度实际上是采取了一种"退一步，是为了进两步"的战略，暂时的妥协是为了更长远利益的实现，局部的让步是为了整体利益的平衡。从美国贸易代表办公室公布的双方谈判结果来看，中方做出了不少重大让步，如中国承诺无限期延长原定在 2004 年 6 月 1 日强制实施的无线局域网加密标准的实施时间。

中国方面做出的这些让步和妥协是十分必要而且也是非常值得的，因为作为世界上最大的发展中国家，中国要发展出自己的高新技术，就需要用比较低的成本学习和率先模仿他国的技术，如果不愿意在当前付出相应的代价，那么国家以后的高新技术发展就会受到更大的阻碍。此外，中国还在知识产权保护方面做出了许多让步。过去，美国经常抱怨中国在知识产权保护方面的力度不够，现在中国的这些做法显然让美国看到了中国人的决心和合作诚意。面对中方做出的这些让步，美方也同意在知识产权的作价上适当考虑中国市场的承受能力，这就意味着西方发达国家的公司有可能适当降低知识产品的售价，扩大同中国公司技术合作的范围和深度，以利于中国消费者以比较合理的代价来学习和使用这些知识产品，最终通过合理价格扩大知识产品的市场。这些让步使得这次会谈又达成了一项重要协议，即中国承诺在 2004 年年底以前，将把更多的知识产权侵害列入刑事处罚调查之中，其中包括进口、出口、销售盗版产品，甚至网络盗版也将被列入刑事处罚。中美双方达成这项协议无疑促进了中国同所有西方发达国家更加深入和广泛的合作，这不仅有利于中国知识产权环境的优化，而且也利于发达国家知识产品的市场开拓和推广。

在实际谈判中只要妥协符合双方的长远利益，那这样的妥协就有利于谈判各方全盘优势的实现。也许从眼前或局部来看，妥协是一种付出，但这种付出是为了更长远、更重要的收获，这种付出绝对不是损失，而是一种获取利益的科学战略。在市场经济下所形成的买方市场，买家与卖家的关系变为相互依赖，使得讨价还价流行开来。如果不肯做出任何妥协、忍让，那只能失去自身的生存与发展的机会，损失将会更大。

在现代生活中，适当妥协和退让不仅是一种智慧，而且是一种美德。能够退让，意味着对对方的尊重，意味着将对方看得和自己同样重要。在个人权利日趋平等的现代生活中，人与人之间的尊重是相互的。只有尊重他人，才能获得他人的尊重。因此，善于退让就会赢得别人更多的尊重，成为生活中的智者和强者，在人际交往和处世当中自然就会左右逢源，游刃有余。

处世智慧

◇明道若昧，进道若退，夷道若类。

◇柳暗花明又一村。

◇如果有可能的话，要比别人聪明，却不要说你比他聪明。

避开与强者的正面交锋

【聊天实录】

我：夫子，不管是自然当中，还是当今的社会，时刻都存在着竞争，当我们面对的竞争对手是强者的时候，您认为应该怎样做才能保全自己呢？

老子：对于你说的这点，在《道德经》第九章中我曾经提到：揣而锐之，不可长保。

我：夫子，您能解释一下这句话的含义吗？

老子：好的，这句话的意思就是锤锻得尖锐锋利，不能长久保全。

我：夫子，您的意思是说，在强者面前逞强的人没有好下场，而应该"守弱"以全身，对吗？

老子：你说得很对，在与强者相遇的时候，应该避开正面交锋，这样才能让自己得以周全。

【圆融处世解读】　　　**韩非强势终身死**

老子认为在强者面前示弱是寻求自我保全的大学问，但古今中外都有很多人不得此中精义，喜欢与强者争风吃醋，到头来只能是自讨苦吃，甚至还会赔上身家性命。

战国末期的著名政治家李斯是秦王谋划国事的重臣，他建议对现存的其他六国进行各个击破的方针，深得秦王赞同。他分析了各国形势，认为韩国最弱，且为秦之近邻，应以此为突破口，"先取韩以恐他国"。秦王赞同李斯的主张，并让他具体谋划灭韩之策。正当李斯踌躇满志的时候，半路却杀出个程咬金，这个人就是韩非。韩非为韩国贵族，早年曾与李斯同就学于荀子。但两人选择的道路却截然不同：李斯择地而处，韩非却眷恋故国，情系家园，学成归国，渴望力挽狂澜，扶社稷于即倾，振兴韩国。韩非一向学习勤奋，研究法家之学深得要领，能吸取法家的法、术、势三派之长兼收并蓄，融为一体，取长而用，并以此理论为基础，制定了一系列法家政策，如加强君主集权，削弱私门势力，选拔"法术之士"，以法为教，厉行赏罚，奖励耕织，谋求国家富强，等等。

他屡屡进谏韩王，但此时昏聩无能的韩王却根本听不进去，一心只在享乐上。韩非平素不受韩王重用，当韩王得知秦国打算先亡韩的消息后，才想到韩非。于是急忙派他出使秦国，说服秦王，以图存韩。韩非原为韩王的使者，但以后的事实却使情况发生了陡转急下的变化。

公元前234年，韩非到了秦国，他看见秦国国富民安，一派万象更新、蒸蒸日上的景象，知道这是个英明国君治下的国度。在秦国，英雄可以一展宏图，韩非不禁为之振奋。秦王读过韩非的《内储》、《外储》、《五蠹》等文章，很是敬重和爱惜韩非，于是就把他留在秦国，想日后重用他。但一山难容二虎，李斯与韩非因此结下矛盾。李斯深知韩非并非等闲之辈，一旦得到秦王重用，自己的地位则岌岌可危。韩非当年就学时，才学在李斯之上，因为口吃，不擅言辩，更促使他致力于著说撰文，日久则文笔日益锋利洗练，远非李斯可比。

韩非曾解过《老子》，但老子的智慧他半点也没学到。韩非仗才自傲，不能审时度势臣服于李斯，这就使得李斯怕他受秦王重用夺走自己受宠的地位，也怕他破坏自己"先取韩以恐他国"的战略计划，于是下决心除掉韩非。李斯为除掉韩非，不择手段，心狠手毒。李斯以先伐赵而缓伐韩等为借口，在秦王面前轮番诽谤谗陷韩非，日久秦王渐渐对韩非心生疑窦。李斯见火候已到，不失时机地谏秦王说："韩非身系韩国公子，终究是心向韩国，必不肯为秦国效力，这是人之常情。日后若放他归国，定然贻害不浅；不如寻他个过错，依法诛杀了事。"

秦王既已对韩非产生疑心，便同意了李斯不放虎归山之议，将韩非拘捕入狱。李斯怕秦王日久会明了真相，重新起用韩非，就急忙派人送毒药给韩非，催促他马上自杀。韩非一入狱，就多方设法上书秦王，申辩其冤情，但李斯对此早有所料，预先已将牢狱各关节都堵住，使韩非哭诉无门，只得被迫饮毒酒自杀。除掉韩非，李斯一方面除掉了一个心腹大患，巩固了自己的地位，另一方面又得以借韩非智慧，为我所用，可谓一石二鸟。俗话说，同行是冤家，竞争对手的强弱，将直接关系到自己的命运，可惜当时韩非并不知晓这其中的奥妙。李斯在秦国位高权重，又深得秦王信赖，韩非未识时务，只知进，不知退，面对强手竟不识眉眼高低，硬着头皮与之争锋，显然缺乏做事的功夫。

做事切忌只知伸，不知屈；只知进不知退；只知要小聪明，没有大智慧；只知自我显示，不知韬光养晦。西方有这样一种说法：法兰西人的聪明藏在内，西班牙人的聪明露于外。前者是真聪明，后者是假聪明。

司马懿避强胜诸葛

司马懿避强胜诸葛

屈不是逆来顺受，而是一种识时务的智慧，是一种顾大局的气概。屈不是屈服，而是忍辱负重，屈是为了伸做准备，是退让中另谋进取的变通计谋。

司马懿画像

在能屈能伸上，魏国名将司马懿给我们做出了很好的榜样。司马懿生于179年，出仕于208年，出仕时正好30岁。那他这之前这么多年是在干什么呢？与诸葛亮躬耕于南阳不同，司马懿由于是名门之后，他不可能做种田的事，他就在许昌城中，却一直对曹操避而不见，因为他从心底看不起出身低贱的曹操。最终曹操也是访问了他三次，司马懿才答应出山，这与诸葛亮三顾出山很相似，但与诸葛亮不同的是，曹营的"智囊团"人数众多，不似刘备的一无所有，初来乍到的司马懿不可能在里面有什么大的作为，司马懿一开始做的是文学掾，这个官职从现在来看可能就是抄抄写写的一类官员，这对于在军事和政治上的富有天才司马懿来讲，是不是有"专业不对口"的情况呢？但司马懿并没有在乎这些，他在这时是一直"屈"着的。

总之一句话，在曹操的时期，司马懿一直都是"屈"着的，虽然他后来的官升到了丞相府主簿，但始终没有什么带兵作战的机会，他只是作为谋士提出过两次重要的计策，一是在取下汉中后劝曹操乘势进攻刘备立足未稳的西川，二是献计联合东吴共同对付得到汉中的刘备。这两个计策曹操只用了后者，就这一下使得不可一世的西蜀大将关羽命丧建业，说关羽是间接死于司马懿之手都不为过。但司马懿的真正能力绝不是一个普通的谋士，于是在孟达响应诸葛

第四章

老子跟我聊圆融处世

133

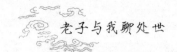

亮北伐时，身为荆州都督的司马懿有了第一次带兵作战的机会。这一仗打得十分干脆，也让司马懿在魏明帝曹睿心中的地位有了很大的提升。在魏都督曹真病逝后，司马懿继任成为魏都督，他终于有了和诸葛亮亲自交锋的机会。在与诸葛亮的交锋中，司马懿采取的战术很清楚，就是坚守不战，因为这样他受到了诸葛亮的种种侮辱，但司马懿此时很好地发挥了他能屈的长处，终于拖死了诸葛亮。其后他又"伸"了，带兵平定了公孙渊的反叛，于是他在魏明帝心中的地位上升到了极点。但魏明帝一死，执政的曹爽根本不给司马懿机会，于是司马懿又"屈"了下去。有道是"君子报仇，十年不晚"，从魏明帝病逝到著名的"高平陵事件"，正好是十年，司马氏果断消灭了曹爽的势力，这也为后来的晋代魏打开了序幕。

　　人生处世当中，面对强者，我们往往只有避开正面的交锋才能让自己得以周全，才能有后来取胜的机会。不管什么时候，我们都要牢记这点。

　　处世智慧

　　◇揣而锐之，不可长保。

　　◇君子报仇，十年不晚。

第五章

老子跟我聊低调处世

　　高调做事，低调做人，是当今社会人们非常推崇的处世哲学。的确，低调一些，谦虚一些，在人与人的交往中就会少很多的麻烦，而赢得更多的欣赏。处世中，我们不要犯自以为是的毛病，也不要锋芒毕露，更不要得意忘形，而是要学会谦逊内敛。做到这些，才算是真正领悟了低调处世的真谛。

做人要低调

我：夫子，处世中人们常说高调做事，低调做人。对此，您怎么看呢？

老子：对于你说的这个方面，我在《道德经》第八章中曾经说到：夫唯不争，故无尤。

我：夫子，您能给我们解释一下吗？

老子：好的，这句话其实就是说正是因为不争，所以没有过失。

我：夫子，您的意思也是说做人要低调，这样才能让自己在人际交往中更受欢迎，对吗？

老子：你说得很对，一个人只有懂得谦虚，懂得低调，才能在为人处世当中赢得好人缘。

【低调处世解读】 ❧ **低调一点多相安** ❧

低调是智慧做人的一种方式，与人相处以一种低姿态出现在对方面前，表现得谦虚、平和、朴实、憨厚，甚至愚笨、毕恭毕敬，就会使对方感到自己受人尊重，比别人聪明，在交际中他就会放松警惕性。当事情明显有利于你的时候，对方也会不自觉地以一种高姿态来对待你，好像要让着你似的，也就不会与你争一时的长短是非。但是如果不懂得低调的智慧，而是猖狂跋扈，最终只能是自食恶果。

孟贲是秦武王手下的一名勇士，此人原是齐国人，勇力过人，后来他听说秦武王正在招纳天下勇武之人，于是离开齐国去投奔秦国。这秦武王原也是个勇猛的人，重武好战，常以斗力为乐，凡是勇力过人者，他都提拔为将，置于身边。见了孟贲自然另眼相看，很快就任命他为大将，与他手下的另外两名勇将乌获和任鄙享受一样的待遇，孟贲也非常以自己的勇力而自豪。

公元前 306 年，秦武王采纳了左丞相甘茂的计策，与魏国建立了秦魏共伐韩国的联盟，而后用计攻占了赵国的军事要地宜阳。秦军占领宜阳后，周都洛阳门户洞开。秦武王大喜，亲自率领任鄙、孟贲等精兵强将要进入洛阳。周天子此时无力抵抗，只好打开城门迎接秦武王进城。秦武王兵进洛阳后，直奔周室太庙，去观看九鼎，这九个鼎是周朝天命所在的象征，秦武王见了九鼎，大喜过望。当然，他不是喜欢这些铜块，而是垂涎那九鼎所象征的统御天下的权力，这也是秦国历代君主的梦想。秦武王绕着九鼎逐个观看，看到雍州 (代表秦国) 鼎时，对随行的群臣说："这鼎有人举起过吗？"

守鼎人赶忙回答说："自从先圣大禹铸成此鼎以来，没有听说也没有见过有人能举起此鼎，这鼎少说也有千斤重，谁能举得起呀！"秦武王听了，撇了撇嘴，回头问任鄙和孟贲："你们两个，能举起来吗？"任鄙为人向来低调，他知道他的这位主子秦武王自恃勇力惊人，十分好胜，平时就经常和手下的大将斗力，如果此时自己出来举鼎，当着这么多人的面，抢了主子的风头，不会有好果子吃。再说，一旦秦武王真的去举鼎了，万一出了差错，自己就是长了九个脑袋也担不起这个责任，于是婉言说："臣不才，只能举起百斤重的东西。这鼎重千斤，臣不能胜任。"

任鄙这一低调，孟贲心中暗喜，认为自己表现的机会来了，于是伸出两臂走到鼎前，对秦武王说道："让臣举举看，若举不起来，大王不要怪罪。"说罢，紧束腰带，挽起双袖，手抓两个鼎耳，大喝一声"起"，只见那鼎离地面半尺高，就重重地落下。秦武王看了，禁不住发笑："卿能把鼎举高地面，寡人难道还不如你吗？"任鄙见秦武王要去举鼎，赶紧上前劝道："大王乃万乘之躯，不要轻易试力。"秦武王本来就好与人比力，此时哪里听得进去，卸下锦袍玉带，束紧腰带，大踏步上前。任鄙拉着秦武王苦苦相劝，秦武王生气地说："你不能举，还不愿意寡人举吗？"任鄙不敢再劝，只好退到一旁。秦武王伸手抓住鼎耳，深吸一口气，丹田用力，大喊一声："起！"鼎被举起半尺，周围一片叫好之声。秦武王得意扬扬，心想："孟贲只能举起地面，我举起后要移动几步，才能显出高下"。秦武王接着移动左脚，不料右脚独木难支，身子一歪，千斤重的大鼎落地，正好砸到右脚上，秦武王惨叫一声，倒在地上。众人慌忙上前，把鼎搬开，只见秦武王右脚已被压碎，鲜血流了一摊。等到太医赶来，秦武王已不省人事，晚上，秦武王便气绝身亡了。秦武王下葬后，老太后也就是秦武王的母亲令人追究责任，查到了孟贲的头上，虽然事情不能全怪孟贲，但为了出气，还是将孟贲五马分尸，诛灭其族，而低调的任鄙却因劝谏有功，升任为汉中太守。

《易经》上说："君子藏器于身，待时而动，何不利之有？"作为一个人，尤其是作为一个有才华的人，要求得发展，就不要把自己看得太了不起，不要把自己看得太重要，而是要收敛起锋芒低调做人。

把自己的姿态放低些

低调的人所具有的深藏不露并不是完全不显示自己的优势，每个人都需要进步和发展，在良性的竞争环境中，显示自己的实力是一种自信的表现。然而，低调的人在显示自己实力的时候会考虑一下周边的环境和别人的感受。但不管是哪种情况，对于一个低调的人来说，都不会喜形于色，因为他们懂得，良贾深藏若虚，君子盛德，容貌若愚。

三国人物中，能征善战有"小霸王"之称的孙策，原来是袁术的部将。其于建安五年渡过长江经营江东地方，经过几年的苦心经营、奋勇征战，终于占据了江东的大片土地。这时，孙策听说曹操与袁绍战于官渡，犬牙交错，难分难解，便准备率军渡江北上，乘虚袭击曹操的老巢——许昌。

孙策准备率兵攻击许昌的消息传到曹操前敌大营之后，引起了曹军诸将上下一片混乱，给久战官渡不下的曹操出了一道难题。曹操毕竟是一代枭雄，

孙策画像

也精于谋略，然而这一次却使他左右为难，决策难定。他考虑到：如果现在舍去袁绍，来日再兴师征讨，势必要耗费更大的精力，因此不能丢弃眼前这个歼灭袁绍的天赐良机；但是，如果继续屯兵官渡，而孙策真的渡江北上，许昌守备空虚，就很可能失守，一旦其攻陷许昌，则根本动摇，这是自己最不愿意看到的结果。

此时，老谋深算的曹操也一时举棋不定，在大帐中踱步，进退两难。然而这一切，都被郭嘉看在眼里，郭嘉洞悉了曹操的心思，他站出来说道："最近孙策削平了江东五郡，占了不小的地方，也诛杀了不少江东豪杰。他之所以做到这一点，是因为他暂时笼络住几个为他拼死效力的人。但是孙策为人狂傲，处世不慎，常常大意而没有必需的戒备之心，这是他致命的弱点。因此，目前他虽然拥有数十万之众，但由于这种性格的缺陷，他仍然像一个奔走在沙漠的迷途者。他在江东攻城略地，兼并群雄，肯定结下了不少仇家。所以，孙策不足为患，臣料定他必将死于小人之手。"后来，事情果如郭嘉所料，而曹操也消除了这个顾虑。

以低调的心态做人处世，是非常重要的。你以低姿态出现只是一种表面现象，是为了让对方从心理上感到一种满足，使他愿意合作。实际上越是表面谦虚的人，越是非常聪明的人，越是工作认真的人。当你表现出大智若愚来，使对方陶醉在自我感觉良好的气氛时，你就已经获得了成功。

处世智慧

◇夫唯不争，故无尤。

◇君子藏器于身，待时而动，何不利之有？

◇良贾深藏若虚，君子盛德，容貌若愚。

做人绝不犯自以为是的毛病

【聊天实录】

我：夫子，生活中每个人都会有自己对事物的认识，有的人对自己的看法坚信不疑，刚愎自用有的人实事求是，对这两种处世态度，您怎么看？

老子：针对你说的这两种处世态度，我在《道德经》第七十一章中曾经说：知不知，上；不知知，病。夫唯病病，是以不病。圣人不病，以其病病，是以不病。

我：夫子，您说的这句话应该怎样理解呢？

老子：这句话其实很容易理解，就是说知道自己有所不知，是高明；不知道却自以为知道，是毛病。正因为把病当成病，所以才不会有病。圣人没有毛病，因为他把这种毛病当作病，所以才没有病。

我：夫子，我明白了，您的意思是说人需要有自信，但是也不能过于自信，否则就是自以为是，刚愎自用。一个人不高傲，做人低调才最好，这样理解对吗？

老子：你说得很对，一个人不管什么时候都不要犯自以为是的毛病，这样处世才会顺利通达。

【低调处世解读】 ☞ 自以为是的看门人 ☜

北欧一座教堂里，有一尊耶稣被钉在十字架上的塑像，大小和一般人差不多。因为有求必应，所以专程前来这里祈祷、膜拜的人特别多，几乎可以用门庭若市来形容。教堂里有位看门的人，看十字架上的耶稣每天要应付这么多人的要求，觉得于心不忍，他希望能分担耶稣的辛苦。有一天他祈祷时，便向耶稣表明这份心。意外地，他听到一个声音说："好啊！我下来为你看门，你上来钉在十字架上。但是，不论你看到什么、听到什么，都不可以说一句话。"这位看门人觉得这个要求很简单。于是耶稣下来，看门人上去，像耶稣被钉在十字架般地伸张双臂，这位看门人依照先前的约定，静默不语，聆听信众的心声。

来往的人络绎不绝，他们的祈求，有合理的，有不合理的，千奇百怪不一而足，但无论如何，他都强忍着没有说话，因为他必须信守先前的承诺。

有一天，来了一位富商，当富商祈祷完后，竟然忘拿手边的袋子便离去了。他看在眼里，真想叫这位富商回来，但是，他憋着不能说。接着来了一位穷人，他祈祷耶稣能帮助他渡过生活的难关。当他要离去时，发现先前那位富商留下的袋子，打开一看里面全是钱。穷人高兴得不得了，耶稣真好，有求必应，万分感谢地离去。

十字架上伪装的耶稣看在眼里，想告诉他，这不是你的。但是，约定在先，他仍然憋着不能说。接着来了一位要出海远行的年轻人，他是来祈求耶稣降福他平安的。正当他要离去时，富商冲进来，抓住年轻人的衣襟，要年轻人还钱，年轻人不明究竟，两人吵了起来。这个时候，十字架上的假耶稣终于忍不住，遂开口说话了。既然事情清楚了，富商便去找捡了他钱的穷人，而年轻人则匆匆离去，生怕搭不上船。真的耶稣出现了，指着十字架上的看门人说："你下来吧！那个位置你没有资格了。"

看门人说："我把真相说出来，主持公道，难道不对吗？"

耶稣说："你懂得什么？那位富商并不缺钱，那袋钱不过是用来嫖妓的，可是对那穷人，却足可以解决一家大小的生计。最可怜的是那位年轻人，如果富商一直纠缠下去，延误了他出海的时间，他还能保住一条命，而现在，他所搭乘的船正沉入海中。"

虽然，这只是一个故事，却透露出在现实生活中，我们常常自认为自己的想法才是最好的这个现象。

孔子说："愚昧却喜欢自以为是，卑贱却喜欢独断专行。这样做，灾祸一定

会降临到自己的身上。"自以为是的人多是因为他们确实有着可以自豪的地方，但是，过分得自豪，甚至自大、狂妄，骄傲得不着边际，那就预示着一种危险，一种潜在的巨大危机。

关云长大意失荆州

古希腊一位先哲说过这样的话："傲慢始终与相当数量的愚蠢结伴而行的。傲慢是在成功即将破灭之时，及时出现。傲慢一现，谋事必败。"

《三国演义》中的"关云长大意失荆州"一节，与其说是关羽大意，还不如说是关羽的自傲来得更确切。

关云长画像

逊曰："某奉吴侯命，敬探子明贵恙。"蒙曰："贱躯偶病，何劳探问。"逊曰："吴侯以重任付公，公不乘时而动，空怀郁结，何也？"蒙目视陆逊，良久不语。逊又曰："愚有小方，能治将军之疾，未审可用否？"蒙乃屏退左右而问曰："伯言良方，乞早赐教。"逊笑曰："子明之疾，不过因荆州兵马整肃，沿江有烽火台之备耳。予有一计，令沿江守吏不能举火，荆州之兵束手归降，可乎？"蒙惊谢曰："伯言之语，如见我肺腑，愿闻良策。"陆逊曰："云长倚恃英雄，自料无敌，所虑者唯将军耳。将军乘此机会，托疾辞职，以陆口之任让之他人。使他人卑辞赞美关公，以骄其心，彼必尽撤荆州之兵以向樊城。若荆州无备，用一旅之师，别出奇计以袭之，则荆州在掌握之中矣。"蒙大喜曰："真良策也。"由是蒙托病不起，上书辞职。

陆逊回见孙权。孙权乃召吕蒙还建业养病。蒙至，入见权。权问曰："陆口之任，昔周公瑾荐鲁子敬以自代，后子敬又荐卿自代，今卿亦须荐一才望兼隆者代卿为妙。"蒙曰："若用望重之人，云长必然防备。陆逊意思深长，而未有远名，非云长所忌。若即用以代臣之任，必有所济。"权大喜，即日拜陆逊为偏将军、右都督，代蒙守陆口。逊谢曰："某年幼无学，恐不堪重任。"权曰："子明保卿，必不差错。卿无得推辞。"逊乃拜授印绶，连夜往陆口，交割马步水三军已毕，即修书一封，具名马、异锦、酒礼等物，遣使赍送樊城见关公。

时公正将息箭疮，按兵不动，忽报："江东陆口守将吕蒙病危，孙权取回调理。近拜陆逊为将，代吕蒙守陆口。今逊差人赍书具礼，特来拜见。"关公召入，指来使而言曰："仲谋见识短浅，用此孺子为将。"来使伏地告曰："陆将军呈书备礼，一来与君侯作贺，二来求两家和好，幸乞笑留。"公拆书视之，书词极其卑谨。关公览毕，仰面大笑，令左右收了礼物，发付使者回去。使者回见陆逊曰："关公欣喜，无复有忧江东之意。"逊大喜，密遣人探得关公果然撤荆州大半兵赴樊城听调，只待箭疮痊合，便欲进兵。

吕蒙正是抓住了关羽的这个"傲"和自以为是，才故意称病让陆逊顶替位置迷惑关羽。结果关羽果然中计，撤走了防守东吴一方的兵马，降低了对东吴兵马的预防，才使得吕蒙偷袭成功。而关羽则丢掉了赖以保身的荆州，落了个败走麦城、兵败被杀的悲惨结局。

钢铁大王卡耐基曾给一位即将登上经理之位的踌躇满志的年轻人这样的劝告："这个位置很适合你，你也有能力做好这份工作。不过，请谨记，你既然准备接任这份工作，就要马上着手解决问题。要知道，即使是一个陌生人，也能发现问题。全力以赴地去做好你的工作，但同时要注意你的后面，看看是不是有人掉队，如果后面没有人跟着你前进，你就不是一个称职的领导。别忘了，你并不是一个不可取代的人，在你感觉情况还不错的时候，要尽量冷静地思考一阵，你的幸运可能是你的机会好，交上了好朋友或是对手太弱。一定要保持足够的谦虚，不然的话现在有 12 个人可以胜任这个职位，我相信他们当中一定会有一两个干得比你出色，因此，千万不要自以为是。"

处 世 智 慧

◇愚昧却喜欢自以为是，卑贱却喜欢独断专行。

◇傲慢一现，谋事必败。

◇知不知，上；不知知，病。夫唯病病，是以不病。圣人不病，以其病病，是以不病。

为人处世不可太露锋芒

【聊天实录】

我：夫子，我们总会看到一些人在公众场合总是锋芒毕露，非常高调，对这样的现象，您怎么看？

老子：针对你说的这种现象，我在《道德经》第六十九章中曾经说：不敢为天下先。意思就是说，不敢做天下第一。

我：夫子，您的意思就是说为人处世不要去争第一，不要太露锋芒，对吗？

老子：你说得很对，人生在世，应当低调而处，这样才不会让自己深陷困境。

【低调处世解读】 ❧ 诸葛亮收敛锋芒以自保 ❧

三国时期，刘备死后，诸葛亮好像没有大的作为了，不像刘备在世时那样运筹帷幄、满腹经纶、锋芒毕露了。为什么？原因就是在刘备这样的明君手下，诸葛亮是不用担心受猜忌的，并且刘备也离不开他，因此他可以尽力发挥自己的才华，辅助刘备，打下一份江山。刘备死后，阿斗即位。刘备当着群臣的面说："如果这小子可以辅助，就好好扶助他，如果他不是当君主的材料，你就自立为君算了。"诸葛亮顿时冒了虚汗，手足无措，哭着跪拜于地说："臣怎么能不竭尽全力，尽忠贞之节，一直到死而不松懈呢？"说完，叩头流血。刘备再仁义，也不至于把国家让给诸葛亮，他说让诸葛亮为君，怎么知道没有杀诸葛亮的心思呢？因此，诸葛亮一方面行事谨慎，鞠躬尽瘁，一方面则常年征战在外，以防授人"挟制"的把柄，而且他锋芒大有收敛，故意显示自己老而无用，以免祸及自身。

我们看到，很多爱逞强好胜、锋芒毕露的人总会以损伤他人的自尊来求得自己好胜心理上的安慰和平衡，可结果往往是两败俱伤，双方不仅不能赢得友谊，还会反目成仇，而坚持低调多干事，才是真正的处世之道。

现实中，锋芒是刺激大家的最灵验的方法，但是如果仔细看看周围一些有人缘的人，你就会发现，他们毫无棱角，言语如此，行动也是一样。他们个个深藏不露，表面上看好像都是庸才，其实他们很有才能；好像个个都很讷言，其实他们都是善辩者；好像个个都胸无大志，其实他们都是胸怀天下。但是他们却不肯在言谈举止上露出锋芒，不肯做出众人物，这是什么道理呢？

俗话说"枪打出头鸟"，这个道理相信大多数人都明白，锋芒毕露可能会招致自身毁灭，所以才华显露要适可而止。你不露锋芒，可能永远得不到重任；你锋芒太露，却又易招人陷害。当你施展自己的才华时，也就埋下了危机的种子。虽容易取得暂时成功，却为自己掘好了坟墓。深藏你的拿手绝技，你才可永为人师。当你施展才能时，必须讲究策略，不可把你的看家本领都通盘托出，这样你才可长享盛名。

❧ 不敢为天下先 ❧

当代著名历史学家张岂之教授曾说："不敢为天下先指不要事事认为我的看法比别人的看法要高明，不要认为一切我都看得很准。"人人都有优点，有的时候你的优点比较突出，切不可因此就认为"老子天下第一"，甚至"老子处处天下第一"，那就危险了。第一会做错事，第二要得罪人。实际上，真的天下第一的人，往往会在自己最擅长的方面表现出谦虚。因为确信自己真的有实力，所以才不会为了别人的某一个看法某一句话而争得面红耳赤。相反，只有对自己缺乏信心的人，才会四处与人争强好胜。

处处与人争先，就要处处吃亏，向所有的人挑战，就会被所有的人反对。你喜欢踢足球，但球技欠佳，就老老实实多传两脚球，甘当配角，非要自己一个人猛带，只能证明你的愚蠢，大家也就不愿意和你一块儿踢了。有些同学家庭经济情况和别人有差距，就不要与人比吃穿住行用，把别人用来逛街的时间用来踏踏实实学习，把成绩搞好了，自然就能赢得别人的尊重。从另一方面来讲，在某些方面有了过人之处，自然会受到众人的关注，但在这些关注的目光中，既有敬佩也有嫉妒，更多的则是疑惑。如果你表现出骄傲自大，自以为老子天下第一，看不起别人，就会伤了别人的自尊，等于为各种谣言的传播提供机会；相反，如果你表现得谦虚谨慎，而你的成就摆在那里，大家都看得见，不会因为你没有自我吹嘘就没人知道，并且将成就和谦虚的品德结合起来，将会让你产生巨大的魅力。

有一位工商界的老板，他从事电脑业。这位老板给自己的企业定位就另有一论——采取"第二战略"。因为他认为，当"第一"不容易，不论是产品的研究开发、行销，还是人员、设备等，都要比别人强，为了怕被别的公司赶超，又得不断地扩充、投资；换句话说，做了"第一"以后要花很多的内力来维持"第一"的地位。因为提到某一行业，人人都会拿"第一"去做对手，并拼命赶超。这样未免太辛苦了，而且一不小心，不但第一当不成，甚至连想当第二都不可能了。

这位老板的想法并不科学合理，并不一定当"第一"就一定会很辛苦，当第二或第三就轻轻松松了，这只是他个人的一种观念而已。但结合现实细想一下，其中也不乏事实，我们不妨借鉴。当"第一"者确实要费很多的力气来保住自己的地位！大至一个企业，小至一个人，都可能有这个问题。

一个企业要想位居第一，其所冒的风险也应该是最大的。产品的研制开发、资金的投入、设备的引进、人员的录用、产品的销售与服务，等等，都比别人要多要大要好。好不容易排到了"第一"，又一下子成了众人的"眼中钉"，都想超过你，甚至弄垮你！对于上班拿工资的人来讲也是如此，一位主管可以说是该部门的"第一"，为了保住这个第一，他不但要好好带领手下，也要和自己的上司处好关系，以免位子不保；如果有功时，主管当然功劳第一；但有过时，主管当然也是首当其冲。如果是一位副主管恐怕就好一点，表面上看来他不如主管风光，但因为上有主管遮风避雨，可省下很多辛苦，减轻很多责任，所以很多人宁可当副手而不愿当"一把手"。当然，我们这里绝非教你别当第一！

现实生活中并非人人非得争个第一，位居第二的确也有好处。不管做什么，从第二、第三做起都没关系，并不一定非得想着去做第一！如能稳稳当当地做个第二，一旦主客观条件形成，自然也就成为第一了，这时候的第一，才是真正的第一！

不敢为天下先，学会尊重别人的长处，善于守拙，既不会影响你优势的发挥，还能赢得别人的尊重，何乐而不为？

处世智慧

◇不敢为天下先。

◇枪打出头鸟。

◇处处与人争先，就要处处吃亏。

谦虚谨慎，便会富有人缘

【聊天实录】

我：夫子，人们常说，生活中做人要谦虚一些，对此，您是怎样看的呢？

老子：是的，一个人处世当中，应当谦虚谨慎。对于这点，我在《道德经》第三十四章中曾说到：常无欲，可名于小；万物归焉而不为主，可名为大。以其终不自为大，故能成其大。

我：夫子，您能就此解释解释这句话的含义吗？

老子：这段话的意思就是说，没有私欲，可以称它为"万物归附而不自以为主宰。可以称它为"大"。正因为他不自以为伟大，所以才能成就它的伟大，完成它的伟大。

我：夫子，您的意思是说，为人处世中一个人应该谦虚谨慎，不高傲，然后努力提升自己，这样自己就会很伟大对吗？

老子：你说得很对，处世中一定要低调，谦虚谨慎，这样才能富有人缘。

【低调处世解读】　　谦虚谨慎，戒骄戒躁

中华传统文化遵循的是"谦虚谨慎、戒骄戒躁"的谦卑原则，但却以"人怕出名、猪怕壮"的俗语来消磨人们的成功欲望，更以"枪打出头鸟"来威吓那些出类拔萃者的进取心。其实，谦卑并不需要以消灭出类拔萃为代价，谦卑应该是帮助你最后达到出类拔萃的目的。

中华民族的文化源远流长、博大精深，深深地扎根于每一个炎黄子孙的心里，"以其终不自大，故能成其大"，所以中华民族能够几千年来巍然屹立于世界民

族之林。

有一次，孔子带领众弟子去参观鲁桓公的庙宇，发现了一种叫作"溢满"的容器。这种圆形容器倾斜而不易放平，孔子不解地问守庙人，守庙人说："这是君王放置在座位右边的一种器具，当它空着的时候就会倾斜，装入一半水时就正立着，灌满了就翻倒过来。"于是孔子就回头叫一个弟子往容器内灌水，果然是在水灌满的时候容器就翻倒过来了。孔子感慨地说："不错！哪有满而不翻的道理呢！"针对这种现象，孔子又趁机向弟子们讲述了一番做人的道理，即：做人一定要谦虚，不能骄傲自满，要像大地一样低调沉稳，承载万物，像大海一样虚怀若谷，容纳百川。

谦虚谨慎是做人的一种态度，是一种美德，能使人学到他人的长处，使人冷静思考，这对一个人的立身创业至关重要。唐代吴兢在《贞观政要·谦让》中说："己虽有胄盅，不自矜大，仍就不能之人。求访能事，己之才艺虽多，犹病以为少，仍就寡少之人更求所益。"谦虚谨慎，低调做人，恭敬和气，心淡人静，知进知退，便会富有人缘，获人拥戴。

苏格拉底画像

❧ 拥有谦虚的处世态度 ❧

著名哲学家苏格拉底对谦虚有着非常深刻的认识，他说："谦虚是藏于土中的甜美的根，所有更高的美德由此发芽生长。"可见，谦虚在人生中的重要性是多么大。

谦虚不仅仅是一种美德，它是一个人内在素质和外在素质的综合反映，是一个人道德素质、业务素质、心理素质以及文化修养的综合表现，它的内涵之丰富远远超出我们现代一般人的想象。谦虚可以使人获取更多的知识，可以使人赢得更多的朋友，也可以使人得到更多成功的机遇。谦虚既是一种美德，更是学习态度、处事态度，也是人生观和价值观，是人生一切内在的体现。

一位年轻的饱学之士去拜访一高僧，向高僧求禅定之道。后生恃才，对高僧不大敬，高僧不悦但不言于表，而是提壶为后生沏茶，茶满溢，高僧倒茶不止。后生说："高僧，茶已满了。"高僧笑笑说："茶既满，还续什么水呢？"后生明白了高僧的意思，后来就变得谦虚多了。

由此可见，谦卑不仅是一种美德，也是通向成功和伟大的一个途径。

一天，苏格拉底的弟子聚在一块聊天。一位出身富有的学生，当着所有同学的面，夸耀他家在雅典附近，拥有一片广大的田地。当他在吹嘘的时候，一直在旁边不动声色的苏格拉底，拿出一张地图说："麻烦你指给我看，亚细亚在哪里？"

"这一大片全是。"学生指着地图洋洋得意地说。

"很好！那么，希腊在哪里？"苏格拉底器问。

学生好不容易在地图上找出一小块来，但和亚细亚相比，实在太微小了。

"雅典在哪儿？"苏格拉底又问。

"雅典，这个更小了，好像是在这儿。"学生指着一个小点说着。

最后，苏格拉底看着他说："现在，请你指给我看，你那块广大的田地在哪里呢？"

学生满头大汗找不到了，他的田地在地图上连个影子也没有，他很尴尬地回答说："对不起，我找不到！"

我们所拥有的一切和伟大的天地相比，实在是微不足道。当我们能以一颗谦卑的心，珍惜所获得的一切时，那是一种更伟大的情操。

自古以来，有许多关于谦虚的格言、警句启迪后人，如"满招损，谦受益"，"虚心使人进步，骄傲使人落后"，"虚心竹有低头叶，傲骨梅无仰面花"，"百尺竿头，还要更进一步"。

谦虚谨慎的人，往往没有出众的才华。才华出众的人，往往有时显得不够谦虚谨慎。既有真才实学，又谦虚谨慎的人，实在是比较难得。谦让是谦虚、平等的表现，也是礼貌的重要内涵。

处世智慧

◇谦虚谨慎，戒骄戒躁。

◇人怕出名猪怕壮。

◇己虽有胄盅，不自矜大，仍就不能之人。求访能事，己之才艺虽多，犹病以为少，仍就寡少之人更求所盅。

得意之时莫忘形

【聊天实录】

我：夫子，一个人活在这个社会中，有失意的时候，也有得意的时候，在得意的时候，您觉得我们应该以怎样的心态面对失意和得意呢？

老子：针对你说的这种情况，在《道德经》第三十六章中曾经提到：鱼不可脱于渊，国之利器不可以示人。

我：夫子，您能结合刚才的问题对此解释一下这句话的含义吗？

老子：好的，这句话的意思就是鱼必须隐藏在深渊之中，国家的有效武器不可以轻易展示于人。

我：夫子，您的意思是不是说，处世应该小心谨慎，也就是让人不要得意忘形呢？

老子：你说得很对，一个人在得意或者得势的时候，一定要居安思危，存在一定的隐患之心，这样才能让自己的"得意"更长久。

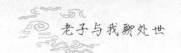

【低调处世解读】 　得意时切莫忘形

人生处在顺境和得意时，最容易忘形，终致滋生败象，乐极生悲。

看过特洛伊战争"木马屠城记"故事的人，都会记得特洛伊是怎样被毁灭的。特洛伊人与入侵的希腊联军作战，双方互有胜负，后来联军中有人献计，假装全部撤退，留下一匹大木马，并将勇士藏在马腹内，其他的主力部队亦躲在附近。特洛伊人望见远去的舰队，以为敌人真的撤退了，于是在毫无防备下，将木马拖入城内，歌舞狂欢，饮酒作乐。就在他们睡梦时，木马中的敌人纷纷跳出，打开城门，里应外合，于是特洛伊灭亡了。

从这个故事中，我们懂得这样的一个道理：得意时不要高兴太早，否则失败马上就到。

世间很多的失败都源于成功时不能抑制骄傲自满的情绪，我们在取得阶段性的成绩时，应避免得意忘形，而应对自己说："我们这回运气不错。"

在克尼斯纳，一个老林工正在讲解如何伐树，他指出：要是你不知道那棵树砍了会倒向哪里，就不要去砍它。他说："树总是朝支撑少的那一方倒下，所以你如果想使树朝哪个方向倒下，只要削减那一方的支撑便成了。"

徒弟班纳德半信半疑，他知道，稍有差错，他们就可能一边损坏一幢昂贵的小屋，另一边损坏一幢砖砌的车库。

老林工在两幢建筑物中间的地上画一条线，那时还没有链锯，伐树主要是靠腕劲和技巧。老林工朝双手啐口唾沫，挥起斧头，向那棵巨松砍去。树基处的直径有1米多，老林工的年纪看来已60开外，但臂力十足。

约半小时后，那棵树果然不偏不倚地倒在线上，树梢离开房子很远。班纳德恭贺他砍伐如此准确，而老林工有点惊讶，但没说什么。不到一个下午，老林工已将那棵树伐成整齐的圆木，又把树枝劈成柴薪。

班纳德告诉老林工，自己绝对不会忘记他的砍树心得。老林工举起斧头扛在肩上，正要转身离击，却突然说："我们运气好，没有风，但是永远要提防风。

美国汽车大王福特曾说："一个人如果自以为已经有了许多成就而止步不前，那么他的失败就在眼前了。许多人一开始奋斗得十分起劲，但前途稍露光明后，便自鸣得意起来，随后失败立刻接踵而来。"一个人的伟大与否，是可以从他对于自己的成就所持的态度上看出来的，所以堆积你的成就，作为你更上一层楼的阶梯吧。

符坚得意忘形遭灭国

人在安逸的环境中，总以为苦难远在天边；人在得意时，总认为快乐可以长久。其实，一时的得意并不能说明自己以后便高枕无忧，而如果因此得意忘形，那样，结果往往会很惨。

前秦皇帝符坚刚上台时，做事谨慎，善于听取不同的意见。符坚统一北方后，变得自命不凡起来，他对大臣们说："我东征西伐，没有谁是我的对手。现在我准备征服晋国，一统天下，相信定会马到成功了。"

丞相王猛这时已死，他临终曾告诫符坚不可伐晋。太子符宏于是以王猛的遗言为由，劝谏符坚说："从前王猛丞相主张不能对晋国用兵，是因为我国内部还不稳定，而晋国也无败亡之相。现在这种情况并没有太大的改变，父皇还是不出兵的好。"

而符坚却说："我国正处盛时，这时候攻打晋国，不是最好的时机吗？现在国内大治，人心稳定，你说得一点也不对。"

对形势盲目乐观的符坚决心开战，大臣道安急忙出来相劝。他说："皇上统一北方不久，人心并没有真正归附，许多不甘心失败者还蠢蠢欲动。现在皇上虽有百万大军，可有不少还是刚刚归顺的，他们的战斗力并不强大。皇上应当看到这些不利情况，万不可为表面的强盛所迷惑啊！"道安说的都是实情，但符坚听了却感到分外刺耳。心有异志的鲜卑人慕容垂为了自己的打算，极力拥护，符坚伐晋主张就这样轻率确定了。

事后，慕容垂对他的心腹说："苻坚狂妄自大，他是被先前的胜利冲昏头脑了。我怂恿他伐晋，一旦天下大乱，我们鲜卑人就能趁机复国了。"

苻坚出征之前，仍有忠贞的大臣苦苦相劝，说："皇上现在回头，也不为晚啊。要知晋国君臣合心，百姓安定，皇上无故出兵，他们一定会拼死反抗。我军人员复杂，来源不一，有小的失败都可能引起大的波动。一旦出师不利，国家就有瓦解的危险，皇上不该不计利害啊！"但是苻坚仍坚持用兵，结果正像劝谏者所预料的那样，前秦大败。不久，苻坚被杀，他的国家也灭亡了。

事实上苻坚是个很有能力的君主，否则，他也不能统一北方，他的失败是因为他太相信自己的能力了，看不到自身的骄狂，结果做出了十分错误的决策。

有能力的人能干大事，同样，有能力的人也最容易骄傲。骄傲可以使人过高地估量自己，进而在力不从心的事情上失败。

不管什么时候，都要知道，成功永远是相对的，在成功之时，危机并不是被永远消灭了，而是潜藏起来了。看不到这些隐患，高枕无忧地大肆行乐，隐患便会悄悄增长，直到确一天浮出水面。促使成功的奋斗精神和积极力量一旦消退，导致失败的各种要素就要强劲反弹，把成功化为乌有了。明白了这些道理，在为人处世当中，得意之时千万不要忘形。

处世智慧

◇得意之时莫忘形。

◇得意时不要高兴太早，否则失败马上就到。

◇个人如果自以为已经有了许多成就而止步不前，那么他的失败就在眼前了。许多人一开始奋斗得十分起劲，但前途稍露光明后，便自鸣得意起来，于是失败立刻接踵而来。

言行不可以太张狂

【聊天实录】

我：夫子，都说说话是一门艺术，而做人则要低调，那么我们在说话的过程中应该怎样做才算是低调呢？

老子：针对你所说的问题，在《道德经》第二章中曾经提到：万物作而弗始，生而弗有，为而弗恃也，功成而弗居。夫唯弗居，是以不去。

我：夫子，您能解释一下这句话的意思吗？

老子：这句话的意思就是让万物自己发展而不加以干预。辅助万物生长而不据为己有，对万物有所施为而不自恃有恩，事情成功而不自居有功。正由于圣人这样不居功骄傲，所以他的功绩永远不会失去。

我：夫子，您的意思是说，一个人即便有了功劳，也不要去炫耀，不居功自傲，而是低调处世。越是居功自傲的人，越容易成为别人攻击的对象，从而失去应有的功劳，对吗？

老子：你说得很对，不管在什么时候，说话都不要太张狂，这样你才能长久安处。

【低调处世解读】 ❧ **冯异低调不居功** ❧

东汉开国大将军冯异，跟随汉光武帝南征北战，立下汗马功劳不以功自居的故事，更能解释老子这一智慧。

冯异原来是王莽的新朝官员，以郡掾的身份监理五个县，与父城长苗萌一同守城，与起义军作战。刘秀那时候是绿林军拥立的更始皇帝的部下，攻打父城，驻军在巾车乡。一次，冯异到所管辖的县里去，被刘秀的士兵抓住。

冯异的堂兄正跟随着刘秀，于是把冯异推荐给刘秀。冯异说，我一个人能力有限，不如让我回去拿五座城地来立功报答您，刘秀应允。于是冯异回去劝说苗萌一同归降刘秀。刘秀向南回到宛城后，更使得的其他将领，前后共有十几个人带兵来攻打父城，冯异就是坚守不投降。后来更始帝派刘秀到洛阳担任司隶校尉，经过父城，冯异立即开门迎接。刘秀让冯异担任主簿的职务，跟着到洛阳去。

刘秀到河北的初期，因为王朗割据势力的猖獗，处境一度比较艰难。在饶阳无蒌亭，天气寒冷，人又疲劳，冯异献上豆粥，刘秀喝了饥寒俱解。渡过滹沱河，在南宫遇到大雨，刘秀在道路旁的农舍里避雨烤火，冯异又送上麦饭，后来刘秀消灭了王朗，封冯异为应侯。

可是，冯异却从来不居功、不骄傲。每到宿营地许多将领坐在一起谈论自己的功劳，冯异却常常一个人站在大树底下不声不响，所以军中称他为"大树将军"。在刘秀麾下的众将之中，冯异治军有方，爱护士卒，深得部属拥戴，因此，士兵都愿意在他的手下作战。

之后冯异为刘秀建立了更大的功勋，打败赤眉军，平定关中地区，成为独当一面的大员。有人上奏章说，冯异专制关中，威权太重，百姓归心，称他"咸阳王"。刘秀把奏章给冯异看，冯异感到恐惧，上书请罪。刘秀说："将军之于国家，义为君臣，恩犹父子，何嫌何疑，而有惧意？"可见刘秀对他十分信任。

后来，冯异到洛阳朝见，刘秀对其他大臣介绍说，这是我起兵时候的主簿，为我披荆斩棘平定了关中，又下诏书说："仓卒无蒌亭豆粥，滹沱河麦饭，厚意久不报。"说明刘秀一直记着他的情意，而冯异则一如既往谦虚不伐其功，他学管仲对齐桓公说的话，说："臣希望国家（指刘秀）不要忘掉河北时的艰难，小臣我不敢忘记在巾车乡受的恩惠。"

冯异从不以功自居，坚守旧有的正道，是始终保荣华平安的一个原因。所以，在下者对在上者，切忌以功自居，"无成"才能有成，这就是人生的辩证法。

"功劳"被别人传播出来是金子，被自己卖弄出来就成了黄土。因此，我们应该学会老子这一智慧：有了功劳要善于隐藏，不张扬不卖弄。唯有不居功，才给别人留下一个很好的印象，才能更能突出自己的功劳、受到重用。相反，如果稍有功劳就自吹自擂，一方面显得自己素质低下，另一方面也容易引起别人的反感，成为公众眼中的"烦人"。

公孙弘言行低调

一个人的言行会从本质上反应这个人的思想状态、道德修养、人生态度。谦逊的人言行亦平和温雅，狂傲的人言行亦骄横无礼。低调做人，保持言行上的谦和文雅才能为自己营造出温馨的生存空间和融洽的人际关系。如果一个人在生活中总是趾高气扬、指手画脚的样子，即使不是出自真心想要如此，也会招来众人的非议和排斥。

汉元光五年，信奉儒家学说的汉武帝征召天下有才能的读书人，年已70多岁的公孙弘的策文被汉武帝欣赏，提名为对策第一。汉武帝刚即位时也曾征召贤良文学士，那时公孙弘才60岁，以贤良被征为博士。后来，他奉命出使匈奴，回来向汉武帝汇报情况，因与皇上意见不合，并在朝堂上起争执，引起皇上发怒，他只好称病回归故乡。这次他荣幸地获得对策第一，重新进入京都大门，就决定要吸取上次的教训，凡事必须保持低调。

从此，公孙弘上朝开会，从未发生过与皇上意见不一致使当庭纷争的事情，凡事都顺着汉武帝的意思，由皇上自己拿主意，汉武帝认为他谨慎淳厚，又熟习文法和官场事务，一年不到，就提拔他为左内史。

有一次，公孙弘因事上朝奏报，他的意见和主爵都尉汲黯一致，两人商量好要坚持共同的主张。谁知当汉武帝升殿，邀集群臣议论时，公孙弘竟为迎合圣意放弃自己先前的主张，提出由皇上自己拿主意。汲黯顿时十分恼怒，当庭责问公孙弘说："我听说齐国人大多狡诈而无情义，你开始时与我持一致意见，现在却背弃刚才的意见，岂不是出尔反尔？"汉武帝问公孙弘说："你有没有食言？"

公孙弘谢罪说："如果了解臣的为人，便会说臣忠诚；如果不了解臣的为人，便会说臣不忠诚！"见他回答如此机巧而妥当汉武帝十分满意。从那以后，左右幸臣每次诋毁公孙弘，皇上都宽厚地为他开脱，并在几年后提拔他为御史大夫。元狩五年，汉武帝免去薛泽的丞相之位，由公孙弘继任。汉朝通常都是列侯才能拜为丞相，而公孙弘却没有爵位，于是，皇上又下诏封他为平津侯。

公孙弘活到80岁，在丞相位上去世。以后，李蔡、严青翟、赵周、石庆、公孙贺相继成为丞相。因为言行不谨慎，这些人中只有石庆在丞相位上去世，其他人都遭到诛杀。看来，公孙弘不肯廷争、取悦皇上也是一种不得已的处世之法。

谦逊也好，不居功以免妒忌也好，都是立身处世的艺术。尤其是在复杂的人际关系中，不锋芒毕露，不居功自傲的确是非常高深的修养。只有懂得低调言行，才能保全自己。

处世智慧

◇万物作而弗始，生而弗有，为而弗恃也，功成而弗居。

◇有了功劳要善于隐藏，不张扬不卖弄。

谦逊是终身受益的美德

【聊天实录】

我：夫子，谦虚是一种美德，在不同的时候，这种美德有着不同的含义。对于谦虚，您又是怎么看的呢？

老子：对于你所说的谦虚，我在《道德经》第五十八章中曾经提到：直而不肆，光而不耀。

我：夫子，您能就这点解释得更清楚一下吗？

老子：这句换的意思其实就是自己正直刚强，却又不自己以为了不起，反而能谦和柔弱。虽有光芒万丈的德行，却能隐藏锋芒，而不故意现人。

我：夫子，您的意思是说一个人即便非常有才能，有德行，也要学会谦逊处世，而不要张扬，对吗？

老子：你说得很对，不管什么时候，谦逊都是一个人终身受益的美德。

【低调处世解读】 年羹尧张扬身死

张扬的人是明哲之士所轻视的，愚蠢之人所艳羡的，谄佞之徒所奉承的，同时他们也是自己所夸耀的言语的奴隶。有功者往往居功自傲，盛气凌人，贪权恋势，殊不知杀身之祸多由此而起。自明者不管功劳如何卓著，都懂得谦虚谨慎，面对人生荣辱得失，以平常心态视之，当抽身时须抽身。若争功夺名，贪爵恋财，不懂谦逊，必将招致祸害，最终身败名裂。

清朝名将年羹尧，自幼读书，颇有才识，他是康熙三十九年中进士，不久授职翰林院检讨，但他后来却建功沙场，以武功著称。这位显赫一时的大将军多次参与平定西北地区武装叛乱，曾经屡立战功、威镇西陲。1723年青海叛乱，他官拜抚远大将军，领兵征剿，只用一个冬天，就迫使叛军10万人投降，叛军首领罗卜藏丹津逃往柴达木。

因为卓越才干和英勇气概，年羹尧备受康熙和雍正的赏识，成为清代两朝重臣。然而年羹尧自恃功高，做出了许多超越本分的事情，骄横跋扈之风日甚一日。他在官场往来中趾高气扬、气势凌人，赠送给属下官员物件的时候，令他们向着北边叩头谢恩，在古代，只有皇帝能这样；发给总督、将军的文书，本来是属于平级之间的公文，而他却擅称"令谕"，把同官视为下属；甚至蒙古扎萨克郡王额驸阿宝见他，也要行跪拜礼，这些都是不合乎朝廷礼仪的越位举动。

有一次打仗归来，年羹尧进京拜见雍正，在赴京途中，他令都统范时捷、直隶总督李维钧等跪道迎送。到京时，黄缰紫骝，郊迎的王公以下官员跪接，年羹尧却安然坐在马上，连看都不看一眼，王公大臣下马问候，他也只是点点头而已。更有甚者，在雍正面前，他的态度竟也十分骄横，不遵循大臣应守的礼仪，让雍正非常不高兴。

年羹尧陪同雍正皇帝在京城郊外阅兵，雍正对士兵们说："大家辛苦了，可以席地而坐。"连下了三道圣谕都没有一个人动，直到年羹尧说："皇上让大家席地休息。"这时全体士兵才整齐地坐下，盔甲着地声震动山野。雍正觉得很奇怪，年羹尧解释说，将士们长期在外打仗，只知道有将军，哪知道有皇帝？这本身虽然说明年羹尧治军有方，但年羹尧本来就功高镇主，飞扬跋扈，雍正当时就产生疑惧。

年羹尧不仅凭着雍正的恩宠而擅作威福，还结党营私，培植私人势力，每有肥缺美差必定安插他的亲信。此外，他还借用兵之机，虚冒军功，使其未出籍的家奴桑成鼎、魏之耀分别当上了直隶道员和署理副将的官职，年羹尧的所作所为引起了雍正的警觉和极度不满。年羹尧职高权重，又妄自尊大、违法乱纪、不守臣道，招来群臣的嫉恨和皇帝的猜疑是不可避免的。雍正是自尊心很强的人，又很喜欢表现自己。年羹尧功高镇主，居功擅权，使皇帝落个受人支配的恶名，这是雍正所不能容忍的，也是雍正最痛恨的。于是几次暗示年羹尧收敛锋芒，遵守臣道，但年羹尧似乎并没放在心上，依旧我行我素。

不久之后，风云骤变，弹劾年羹尧的奏章连篇累牍，最后被雍正帝削官夺爵，列大罪92条，赐自尽。一个曾经叱咤风云的大将军最终命赴黄泉，如此下场实在是令人叹惋。

一个人，在为人处世当中，无论何时都应该保持谦虚谨慎、低调行事，不飞扬跋扈，不居功自傲，这样才能保持其成功长盛不衰。

炫耀自己无益，谦虚一点无害

一个人只懂得如何做事是不够的，还要学会如何做人。做事与做人，是硬币的两面。高调做事者，必须同时追求人际关系的和谐；低调做人者，也必须学会不避嫌怨，高调做事。每个企业都需要在业绩上出类拔萃的明星员工，但是绝不会喜欢以明星自居、摆明星谱的人。

不谦虚可能会伤害到某些人，周围的人也会逐渐地离开你，你就为自己设置了许多障碍，增加了与同事之间的合作难度。

玛丽和瑞莎同在一家传媒公司的广告部工作，这天经理皮特分别交给她们一项开发大客户的任务，由于她们的任务都比较艰巨，所以在她们离开经理办公室时，皮特特意叮嘱她们："如果有什么需要帮忙的话可以直接找我，同时要注意和其他部门的协调。"

玛丽的业务能力一向很强，她在广告部的业绩也经常名列前茅，她也常常因此感到骄傲，有时候同事们甚至觉得玛丽已经骄傲得过了头。离开办公室后，玛丽心想："皮特有什么能力，他只不过比我早到公司几年罢了，我解决不了的问题恐怕拿到他那里也没办法解决，再说了开发大客户的任务怎么和其他部门协调，其他部门怎么懂得这种事，凭我自己的能力和智慧一定会完成这项任务的。"

而瑞莎走出经理办公室以后就直接到公司企划部和售后服务部向大家打了一声招呼："过几天我可能有一些问题要向大家请教，同时也需要大家的合作，我先在这里谢谢大家了。"瑞莎同时也想，玛丽一向骄傲，但如果自己要想实现业务能力的提高就必须向她多学习，不到万不得已的时候不会麻烦皮特先生，但在客户沟通等方面自己确实需要皮特先生的大力鼎助。

这次的任务确实比以前艰难得多，通过向玛丽和皮特先生学习，以及公司其他部门的配合，瑞莎的任务超额完成了，她为公司带来了好几笔大生意，当然公司也给了她优厚的奖励，而且还让她和其他部门的优秀员工一起到夏威夷免费旅游。玛丽也联系到了一些大客户，但因为她的工作不到位，有些客户选择了其他公司。

谦让而豁达的人总是有许多人愿意与之相处，相反，那些斤斤计较，不能宽以待人的人总会引起别人的反感。作为一个谦虚低调的员工，更应该把聚光灯打到自己的上司和所处的团队上，而不是使自己引人注目。我们清楚地知道，没有别人的支持，我们将什么也不是。但生活中就有一部分人，认为只有高调做人、大开大合，才能担当重任，而畏首畏尾、不敢得罪人就会沦于平庸、有负公司的厚望，因而保持高调、认真做事就可以了，其他的可以不用太在乎。所以他们在工作和生活中总是显得趾高气扬，对人满不在乎，总是与人争执不休，这样就失去了同事和上司的信任与好感，最终也没有对大家起到积极作用。

一个低调、谦虚、不骄不躁的人才是团队真正欢迎的人，只有这样的人才会得到大家的信任和支持，而大家的信任和支持是一个员工在团队中有所发展并对公司有所贡献的前提。

处世智慧

◇直而不肆，光而不耀。

◇张扬的人是明哲之士所轻视的，愚蠢之人所艳羡的，谄佞之徒所奉承的，同时他们也是自己所夸耀的言语的奴隶。

内敛方能成名士

【聊天实录】

我：夫子，人们常说，在社会当中，有时候需要有低姿态，这样处世往往才会更顺利。对此，您怎么看？

老子：对于你所说的在《道德经》第四十五章中，我曾经提到：大成若缺，其用不弊。大盈若冲，其用不穷。大直若屈，大巧若拙，大辩若讷。

我：夫子，这几句话应该怎样理解呢？

老子：其实这点理解起来很简单，意思就是说最完满的好似有残缺，但它的作用不会被损坏。最充盈的好似空虚，但它的功能永不会衰竭。最正直的好似弯曲，最灵巧的好似笨拙一样，最有辩才的好似不善言辞。

我：夫子，您的意思是有智慧的人，应该具备一种"大成若缺"、"大盈若冲"、"大直若屈"、"大巧若拙"、"大辩若讷"的内敛功夫，只有这样才能够在为人处事上游刃有余，置危险于身外，对吗？

老子：你说得很对，一个人知道了低调，知道了内敛，才能成为真正的名士。

【低调处世解读】　白居易不知内敛遭贬

唐代大诗人白居易才高八斗，刚直耿介，他在朝为官时，许多无才无德的小人就重点攻击他。

一次，唐宪宗召见白居易，对他说："你诗名很大，为人忠直，不像是个奸诈之人，可为什么总有人弹劾你呢？"

白居易说："皇上自有明断，我说什么也是无用的。不过依我看来，我和那帮人道不同不相为谋，一定是他们嫉恨我的才华忠直，否则，我和他们无冤无仇，他们为什么会无端诬陷我呢？"

此时的白居易自知难与小人为伍，却不屑掩饰锋芒，他对那些无能之辈常出口讥讽，绝不留半点情面。

一次，朝中一位大臣作了一首小诗，奉承他的人不在少数。白居易看过小诗，却哈哈一笑，说："如果说这是一首好诗，那么天下人都会写诗了。"事后，白居易的一位朋友劝他说："你身处官场，不应该当众羞辱别人。你只是和朋友谈诗论道，在朝堂上若讲真话，人家只会更加恨你了。"

白居易说："我最看不惯不懂装懂之人，本来我不想说，可还是压抑不住啊。"白居易自恃有才，说话办事往往少了客气。他对皇上也大胆进言，只要他认为不对的事，他就直言上谏，全不顾任何禁忌。

河东道节度使王锷为了晋升官职，大肆搜刮百姓，他向朝廷献上了很多财物，唐宪宗于是准备让他当宰相。

朝中大臣都没有意见，只有白居易站出来反对，唐宪宗生气地说："你是个才子，非得与众不同吗？你每次都和我唱反调，你是何居心呢？"皇上发怒了，

白居易画像

嫉恨白居易的小人趁势说他恃才傲物，目中无人。一时，白居易的处境更加恶劣，格外孤立。

大臣李绛同情白居易，劝他收敛锋芒，说："一个人如果因为才高招来八方责难，他就该把自己装扮得平庸了。你的见识虽深刻远大，但不可显示出来，你为什么总也做不到呢？这也是为官之道，不可小看。"最后，白居易还是因为上谏惹祸，被贬出朝廷。白居易的才能人所共知，他尽忠办事，见解高明，却不能建功，只因他的才能过于外露，优点反变成了缺点。世上没有绝对的公平，相信才能万能的人只能算幼稚。人们应当时刻提防小人的暗箭和中伤，把才能藏起来，避免不必要的纠缠。

内敛，可以说是我们为人处世的传统方式。不以物喜，不以己悲，是一种内敛；智欲圆而行欲方，也算一种内敛；凡事不张扬，得意不忘形，富足不骄矜，位卑或者贫穷时也不谄媚，更是一种内敛。

处世，当谦虚谨慎，虚怀若谷，内敛而不张扬。古人云"君子泰而不骄，小人骄而不泰"，说的就是仪表、行为上的差异。它告诫我们，在日常的生活、工作中，要时刻注意自己的言行举止。在谦虚中善学，在内敛中进步，而不要不知天高地厚，摆出一副唯我独尊、锋芒毕露的骄姿傲态。

放低自己的姿态

放低自己，就是通常所说的低调做人。这是一个心态问题，也是对自己人生价值的估量问题。自视非同一般、高人一等，便会放不下架子，也夹不住尾巴，只能颐指气使、俯视于人。只有把自己当成一个平凡人、不比别人在某方面强，才会与人平等、看人平视、待人平和。

一个满怀失望的年轻人千里迢迢来到法门寺，对住持释圆说："我一心一意要学丹青，但至今没有找到一个能令我满意的老师。"

释圆笑笑问："你走南闯北十几年，真没能找到一个自己的老师吗？"

年轻人深深叹了口气说："许多人都是徒有虚名啊，我见过他们的画帧，有的画技甚至不如我。"

释圆听了，淡淡一笑，说："老僧虽然不懂丹青，但也颇爱收集一些名家精品。既然施主的画技不比那些名家逊色，就烦请施主为老僧留下一幅墨宝吧。"说着，便吩咐一个小和尚拿了笔墨纸砚来。

释圆说："老僧的最大嗜好就是爱品茗饮茶，尤其喜爱那些造型流畅的古朴茶具，施主可否为我画一只茶杯和一把茶壶？"

年轻人听了，说："这还不容易？"

于是调了一砚浓墨，铺开宣纸，寥寥数笔，就画出一把倾斜的水壶和一只造型典雅的茶杯。那水壶的壶嘴正徐徐吐出茶水，注入到了茶杯中。年轻人问释圆："这幅画您还满意吗？"

释圆微微一笑，摇了摇头。

释圆说："你画得确实不错，只是把茶壶和茶杯放错位置了，应该是茶杯在上，茶壶在下呀。"

年轻人听了，笑着说："大师为何如此糊涂，哪有茶壶往茶杯里注水，而茶杯在上茶壶在下的？"

释圆听了，又微微一笑，说："原来你懂得这个道理啊！你渴望自己的杯子

里能注入那些丹青高手的香茗，但你总把自己的杯子放得比那些茶壶还要高，香茗怎么能注入你的杯子里呢？"

有人说所谓智慧，并不是把自己摆在一个很高的位置让自己飘飘然，而是来到低处以一种谦卑的心去仰视芸芸众生。

放低自己，会不会真的使自己变矮？当然不会。放低不是降低，更不是贬低。相反，低调做人、潜心做事的人，不但不会降低他的社会价值和社会地位，反而会得到社会更广泛的承认和人们更普遍的尊重。有一则谚语说得好："口袋里装着麝香的人不会在街上大吵大嚷，因为他身后飘出的香味已经说明了一切。"

处世智慧

◇大成若缺，其用不弊。大盈若冲，其用不穷。大直若屈，大巧若拙，大辩若讷。

◇谦虚谨慎，虚怀若谷，内敛而不张扬。

◇口袋里装着麝香的人不会在街上大吵大嚷，因为他身后飘出的香味已经说明了一切。

第章

老子跟我聊智慧处世

　　处世是一门艺术，也是一种智慧。一个人要想让自己在为人处世中获得人生的成功，就一定要学会这种智慧。处世的智慧，是一种品质的体现，比如说帮助别人，包容别人，不怕吃亏；处世的智慧也是对自我的一种挑战和认知，比如说认识自己，战胜自己，等等。同时，懂得急流勇退，韬光养晦，学会放弃，更是人生的大智慧，这些处世智慧都是值得我们去体悟的。

急流勇退，才是真正聪明的选择

我：夫子，处世是一门艺术，也是一种智慧，当我们有所成就，甚至是达到顶峰的时候，您认为我们应该怎样做呢？

老子：对于你说的这个问题，我在《道德经》第九章说过：功成身退，天之道也。

我：夫子，您能将这句话说得更详细一些吗？

老子：这就是说，事业已遂，力量至极的时候，要懂得急流勇退，才符合"天道"，也是一种自然规律。

我：夫子，您的意思是说当我们有功时千万不要居功自傲，在一些人面前摆老资格，更不要动不动就是当初怎么样。如果与这一智慧背道而驰，不但不能显示自己的功劳，反而会招来不必要的麻烦甚至杀身之祸，这样理解对吗？

老子：你说得很对。一个聪明而有智慧的人，在自己的功劳已经达到最大的时候，就要懂得退让或者退出，这样才是真正聪明的选择。

【智慧处世解读】　　　　韩信不知谋身退

"功遂身退，天之道"，对今天一些有所成就的人仍然有现实意义。现实生活中，之所以有时仍会迷失自我，那也只是因为我们正在膨胀的欲望在作怪罢了，因为金钱、因为权势而无法自拔。欲望总是会给我们造成某种假象，使原本清醒的你不知不觉中陷入自己设下的圈套。所以，敢于面对，敢于放弃，急流勇退的做法会让我们避免接踵而来的麻烦。

韩信就是因为不懂得"功成身退"而惨遭杀害的典型。

毫不避讳地说，刘邦的江山有一大半是韩信打下来的，可以说没有韩信就没有西汉王朝，刘邦更不可能当皇帝。韩信功高盖主，在刘邦当皇帝之后他本应该想到这点，然而他还是傻乎乎地以功臣自居，完全没有了当初带兵打仗时的聪明智慧。刘邦可想到了这点，为了巩固他的皇帝地位，他上台后做的第一件事就是削弱韩信的势力，把当时还是"齐王"的韩信徙封为"楚王"，使其远离自己的发迹之地。然后又有人适时告发韩信"谋反"，刘邦又将他再贬为"淮阴侯"，不出几个月吕后又和刘邦唱了一出双簧：前脚刘邦带兵出征，后脚吕后就让萧何将韩信诱至长乐宫冠以谋反之罪杀掉。

同韩信并称"汉初三杰"中的张良则聪明得多，刘邦即位后，大封功臣，张良再三推辞，最后只领留侯的头衔，坚决不受三万户食禄，忘掉了以前的丰功伟业，过着隐逸恬淡的生活。

无数的事例已经完全证明老子的"功遂身退"的观点正确，更是指导后人为人处事的至理名言。老子要我们保持中庸之道，要适可而止，要善于把握火候，要急流勇退。

在中国古代社会，能够建功立业并且功成名就的机会是很少的，因此人们都非常珍惜这样的机会。而一旦功成名就之后许多人便会贪图荣华富贵，贪求安逸享乐，不但很少有人能够放弃那些功名富贵，而且大多数人还会努力追求更大的功名富贵，甚至会为了实现自己的贪欲而不择手段，铤而走险，这样就会为自己带来杀身之祸。

功成身退是一种处世的大智慧，如果一个人，在自己事业的巅峰状态之下，主动放弃荣华富贵，甘于重新过平民百姓的生活，或者是匿名隐居，这才得知宇宙人生的真谛。所以我们应该视功名富贵如粪土，即使在危难之时能够挺身而出力挽狂澜，功成名就之后也应该急流勇退，甘于隐居修行，这才称得上是深知天道。

❦ 张良功成身退的处世智慧 ❧

张良大力辅佐刘邦，为刘邦完成统一大业奠定了坚实的基础，刘邦称他"运筹帷幄之中，决胜千里之外"。当天下已定、四海归心时，也正是他该享受荣华富贵的时候了，可是，在刘邦准备赐予他三万户时，张良却断然拒绝，放弃功名利禄，请求做一个小小的留侯。他曾说："今以三寸舌为帝者师，封万户，位列侯，此布衣之极，于良足矣。愿弃人间事，欲从赤松子（传说中的仙人）游。"他看到帝业建成后君臣之间的"难处"，欲从"虚诡"逃脱残酷的社会现实，欲以退让来避免重复历史的悲剧。

事实的确如此，随着刘邦皇位的渐次稳固，张良逐步从"帝者师"退居"帝者宾"的地位，遵循着可有可无、时进时止的处事准则。在汉初消灭异姓王侯的残酷斗争中，张良极少参与谋划。在西汉皇室的明争暗斗中，张良也恪守"疏不间亲"的遗训。

功成身退，是张良的选择，尽管身后投来的是惊异的目光，但事实证明，他的选择是对的，"狡兔死，猎狗烹"。不久，韩信被斩，彭越被杀，而张良得以保全。他放弃了暂时的功名，安享晚年，张良的机智谋划、文韬武略流传百世，千古流芳。

张良之所以能成为千古良辅，被后人称为"功成身退"的典范，不仅在于他能运筹帷幄，决胜千里，辅佐刘邦创立西汉王朝，还在于他能因时制宜，适可而止。最后，他既完成了预期的事业，功成名就，又在那充满悲剧的封建专制时代里保全了自己。

在古代，"功成身退"是一种明哲保身的方法，只有智者可为。人生在世，竭尽所能报效社会是必要的，但当成功了，危机也就来了。而此时，学会适时的功成身退，对于保存自己的名节，延长自己的寿命都很有益处。

美国汽车大王亨利·福特，"功成身退"也是他的人生成功智慧上的一"环"。在40岁时，他成功地推行薄利多销的经营策略，创造了福特公司日产汽车7000辆的辉煌。但福特在中年以后就退隐了，他在故乡营造了一个住所，在那里和家人一起过着清闲的日子。他在这安静、惬意的农庄度过了32年安静、舒服的日子，一直活到83岁。这位当时在美国数一数二的巨富，家庭生活却令人难以相信的俭朴，据说只用5个仆人和半个洗衣工人，但他曾以700万美元捐助一所医院，又降低货价，提高工人工资、红利，收容伤残，福特公司收留的残疾工人近万名。福特的这种行为是一种功成身退，更是一种人生的成功！

功成身退可以保全自身，更能让自己获得另一种成功有了功，不居功；有了名，不恃名。任何时候保持一颗平常心，是我们一生都需铭记的智慧。

处世智慧

◇功成身退，天之道也。

◇运筹帷幄见真知，暗渡明修尚未迟。业就功成身引退，免遭吕氏害贤时。

◇有了功，不居功；有了名，不恃名。

帮助别人，也是帮助自己

【聊天实录】

我：夫子，我们说在人与人的相处过程中，互相帮助是很有必要的，对此，您怎么看？

老子：对于你说的这点，我在《道德经》第八十一章中曾经提到：圣人不积，既以为人己愈有，既以与人己愈多。

我：夫子，您能解释一下这句话的意思吗？

老子：好的，这句话的意思就是圣人不保留，尽力助人自己反而更富有，一切予人自己反而更充足。

我：夫子，您的意思是说，人们如果以无私的心去帮助别人，最终受益的将会是自己，这样理解对吗？

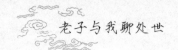

老子：你说得很对，一个人在帮助别人的时候，往往也是帮助自己，可以说这也是人生处世的一种智慧。

【智慧处世解读】　　　　为人者更是为己

美国南部的一个州，每年都举办南瓜品种大赛，有一名农夫的成绩相当优异，经常是首奖及优等奖的得主。他在得奖之后，毫不吝惜地将得奖的种子分送给街坊邻居。

有一位邻居很诧异地问他："你的奖项得来不易，每季都看你投入大量的时间和精力来做品种改良，为什么还这么慷慨地将种子送给我们呢？难道不怕我们的南瓜品种因而超越你的吗？"

这位农夫回答："我将种子分送给大家，帮助大家，其实也就是帮助我自己！"

原来，这位农夫所居住的城镇是典型的农村形态，家家户户的田地都毗邻相连。农夫将得奖的种子分送给邻居，邻居们就能改良他们的南瓜品种，也可以避免蜜蜂在传递花粉的过程中，将邻近的较差的品种转而传染自己的，农夫才能够专心致力于品种的改良。相反，若农夫将得奖的种子私藏，则邻居们在南瓜品种的改良方面势必无法跟上，蜜蜂就容易将那些较差的品种传染给自己的，他反而必须在防范外采花粉方面大费周折而疲于奔命。

我们看到这位农夫大公无私的奉献，最终受益的还是他自己。

许多人做事情的时候喜欢将事情做绝（对于那些自认为没有利用价值的人来说），这就如同做生意"一锤子买卖"一样（从不给别人留下任何喘息的机会）。这样的人目光短浅，丝毫看不到其中的利害，以至于做人，人失败；做生意，生意亏本。

许多人求功心切，为了自己的目的损人利己，他们认为只有这样才能很快有成，其实他们大错特错了。成功的需要别人相助，灾难时更需要他人援手。如果一个人极端自私，人们自会处处和他过不去，拆他的台，这样的人绝不会有大成就的，只有为别人着想，别人才会反过来帮助自己。

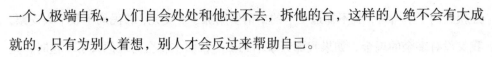

帮助别人，往往也是帮助自己

美国散文作家爱默生说："人生最美好的一项补偿，就是凡事诚心诚意地帮助他人，最终自己也一定会受益。"塞内卡也说："让自己获得好处的最佳方法，就是将好处施予别人。"每一个事业有成的人，在成功的道路上，都曾经得到过别人的许多帮助。因此，我们应该把帮助别人作为回报，这是公平的规则，同时，我们也应该相信，帮别人就是帮我们自己。

柏年在美国的律师事务所刚开业时，连一台复印机都买不起。移民潮一浪接一浪地涌进美国的丰田沃土时，他接了许多移民的案子，常常深更半夜被唤到移民局的拘留所领人，还不时地在黑白两道间周旋。他开着一辆掉了漆的宏达车，在小镇间奔波，兢兢业业地做职业律师。终于媳妇熬成了婆，电话线换成了四条，扩大了办公室，又雇用了专职秘书、办案人员，气派地开起了"奔驰"，处处受到礼遇。

然而，天有不测风云，后来他一念之差将资产投资股票，却几乎尽亏。更不巧的是，岁末年初，移民法又再次修改，职业移民名额消减，顿时门庭冷落，他想不到从辉煌到倒闭几乎只在一夜之间。

这时，他收到了一封信，是一家公司总裁写的：愿意将公司 30% 的股权转让给他，并聘他为公司和其他两家公司的终身法人代理，他不敢相信自己的眼睛。

他找上门去，总裁是个四十开外的波兰裔中年人。"还记得我吗？"总裁问。

他摇了摇头，总裁微微一笑，从硕大的办公桌的抽屉里拿出一张皱巴巴的 5 美元汇票，上面夹的名片印着柏年律师的地址、电话，他实在想不起还有这样一桩事情。

"十年前，"总裁开口了，"我在移民局排队办工卡，排到我时，移民局已经快关门了。当时，我不知道工卡的申请费用涨了5美元，移民局不收个人支票，我又没有多余的现金，如果我那天拿不到工卡，雇主就会另雇他人了。这时，是你从身后递了5美元上来，我要你留下地址，好把钱还给你，你就给了我张名片。"

他也渐渐回忆起来了，但是仍将信将疑地问："后来呢？"

"后来我就在这家公司工作，很快我就发明了两个专利。我到公司上班后的第一天就想把这张汇票寄出，但是一直没有。我单枪匹马来到美国闯天下，经历了许多冷遇和磨难。这5美元改变了我对人生的态度，所以，我不能随随便便就寄出这张汇票。"

试想一下，如果故事中的柏年不曾用5美元去助人，他怎么可能会受到总裁那么大的恩惠呢？尽管他起初不是有意的，但是无心插柳柳成荫，这种无意的助人行为，带来的是受助后的成功，这就是我们常说的"帮别人就是帮自己"。热心帮助别人，结果往往是双方受益。不愿给别人提供服务的人，别人也不愿给你提供方便。

有人说："一个人的成就高低与其思想格局成正比。"然而，什么才是思想的真正高度？而成就的最终依据，又是什么呢？一个人之所以能够成功，或者有所成就，和他的思想深度有着密切的关系，因为要有正确的观念，才能有正确的行为。

我们要懂得帮助别人就是帮助我们自己。作为高情商的人，他们从不会吝啬于向别人伸出帮助之手。因为，他们知道，在一个人的一生中，总会遇到各种各样的麻烦和困难，有时靠自己的力量是远不能解决的，这就需要别人的关心和帮助。只要自己平时多注意关心和帮助别人，那么，一旦自己遇到了困难，就一定会得到别人的关心和帮助。永远记住：帮助别人就等于在帮助我们自己。

处世智慧

◇圣人不积，既以为人己愈有，既以与人己愈多。

◇让自己获得好处的最佳方法，就是将好处施予别人。

◇帮助别人就是帮助我们自己。

要拥有宽广包容博大的胸怀

【聊天实录】

我：夫子，在处世当中，您认为我们应该拥有怎样的胸怀呢？

老子：对于你所说的这些我在《道德经》第六十六章中曾经提到：江海所以能为百谷王者，以其善下之，故能为百谷王。

我：夫子，您能就此解释一下吗？

老子：好的，这句话的意思就是江海之所以能成为百川归往之地，因为它处于低下的地位，所以才能为百川所归往。

我：夫子您的意思是说江和海能够成为千川百谷相聚的地方，是因为自身宽广博大包容的胸怀，才可以使自身成为千川百谷向往的地方。这样理解对吗？

老子：你说得很对，一个人在处世当中要拥有宽广包容博大的胸怀，这也是人生处世的一种智慧。

【智慧处世解读】 ⟡ **做一个宽以待人的人** ⟡

宽以待人，就是说做人要心胸宽广，忍耐性强，对别人宽厚、容忍。有位哲人曾说："谁想在厄运时得到援助，就应该在平时宽以待人。"一个平时宽厚的人，顺利的时候可以与之共同奋斗，困难的时候人们也会去帮助他。

罗尔先生就因宽容之心，颇富戏剧性地改变了人生的困境。罗尔在维也纳从事律师工作，一直到第二次世界大战才回到瑞典。他身无分文，急需找到一份工作，他会好几种语言，所以想找个进出口公司担任文书工作。但大多数公司都回信说因为战争的缘故，他们目前不需要这种服务，但他们会保留他的资料。其中有一个人却回信给罗尔说："你对我公司的想象完全是错误的，你实在很愚蠢。

我一点都不需要文书，即使我真的需要，也不会雇用你，你连瑞典文字都写不好，你的信错误百出。"罗尔收到这封信时，顿时气得暴跳如雷。这个瑞典人居然敢说我不懂瑞典话！他的回信才是错误百出呢。

于是，罗尔写了一封足够气死对方的信，可是他停下来想了一下，并对自己说："等等，我怎么知道他不对呢？我学过瑞典语，但它并非我的母语。也许真有了错误，我自己都不知道。真是这样的话，我应该再加强学习才能做好工作。这个人可能还帮了我一个忙，虽然他本意并非如此。他表达得虽然糟糕，但不能抵消我欠他的人情，我决定写一封信感谢他。"罗尔把写好的信揉掉，另外写了一封："你不需要文书，还不厌其烦地回信给我，真是太感谢你了。我对贵公司判断错误，实在很抱歉。我写那封信因为我查询时，别人告诉我你是这一行的领袖。我不知道自己的信在内容上犯了文法上的错误，我很抱歉并觉得惭愧。我会进一步努力学好瑞典语，减少错误，我要谢谢你帮助我成长。"几天后，罗尔又收到回信，对方请他去办公室见面。罗尔如约前往，并得到了一份工作。

要成就大事，要养成良好的品德，就必须要有宽广的襟怀，宽容待人，对他人的一些非原则性的缺点和过失多一些宽容与忍让。

我们在茫茫人世间，难免与别人产生误会、摩擦。如果不注意，仇恨袋便会悄悄成长，最终会导致堵塞了通往成功之路。所以我们一定要记着在自己的仇恨袋里装满宽容，那样我们就会少一分烦恼，多一分机遇。学会宽容，对于化解矛盾，赢得友谊，保持家庭和睦、婚姻美满是至关重要的，同时，对你的工作也具有重要的推动作用，因此，宽容大度被认为是每一个人必不可少的品质。

如果我们能够从自己做起，宽容地看待别人，就一定会有许多意想不到的结果。当别人批评我们时，如果我们有一颗宽容的心，就能够心平气和地审视自己，于是我们就会发现，别人的批评其实是一片好心，这样，我们就会觉得世界依旧温情脉脉。但如果我们以敌视的眼光看待别人，对周围的人戒备森严，心胸狭窄，处处提防，最后因孤独而陷入忧郁和痛苦之中，这样，人与人之间就会因为无法释怀而造成永远的伤害。宽容待人，主动关心和帮助别人，这样的人一定会为人所喜欢，受人尊重；反过来，别人也乐意为他们提供机会和帮助，所以宽以待人的人更容易成功。

宽容忍让不仅是爱心的体现，也是思想境界的升华。它可以使我们的心灵得到净化和升华，可以给我们带来巨大的人格力量，使我们获取友谊、赢得信任，可以推动我们的事业前进。让我们牢记这句古语吧："用争夺的方法，我们永远得不到满足，但用宽容的方法，我们可能得到比我们期望的更多。"

有容乃大，容则事易

包容，是一种高尚的人格，是一种良好的心理品质，更是一种处世的大智慧，毫无疑问，包容是修炼心性的重要内容。

一个国家失去包容，则必将亡国；一个民族失去包容，则必受孤立；一个企业若失去包容，则必将寿命有限；一个人若失去包容，则必将无友，孤苦一生！

在中国，北大、清华近百年来为何能造就出如此多的栋梁之材，我们一步步向前探索，最后得出一个简单的结论：它们的成功都离不开各自的校魂——包容心。

北大的"兼容并包"最直接地展示了北大文化的包容性。清华的校训"自强不息，厚德载物"，其中"厚德载物"更是体现了包容的博大胸襟。当年蔡元培先生担任北京大学校长之后，便对此所大学进行大刀阔斧的改革，聘请全国一流的专家学者担任教授与讲师。他聘请教员只问学问、能力，不问思潮、派别。因此，他既聘激进的民主主义者陈独秀、李大钊，也请筹安会的刘师培，复辟派的辜鸿铭；既聘主张白话文的胡适，也请反对白话文的黄侃；既聘"只手打倒孔家店"的吴虞，也请坚持尊孔复古的陈汉章。当时北大的群星灿烂、声名鹊起，靠的不正是蔡元培先生的"兼容并包"之策吗？

为什么北大、清华都选择"包容"作为校魂呢？因为，五千年的中华文明之所以形成，都是因为这"包容"二字。换句话说，中华文明实质上就是包容的文明，离开了包容就不可能有中华文明。所以说，不只是北大、清华以包容为魂，其实，整个中华民族的灵魂都是"包容"二字造成。

包容是一种修养一种成熟，这种修养表现出来的不是软弱，相反是力量、是魅力，是过人的眼界与胸怀，是对于人性的深度理解，是对于利益的整体把握，是对于个性的充分尊重，是对于共存原则的贯彻与实施。包容是一种整体观念，是一种高瞻远瞩。

现实中，事业越成功的人，也就越有包容之心。包容犹如春天，可使万物生长，成就一片阳春景象。宰相肚里能撑船，不计过失是包容，不计前嫌是包容，得失不久居于心，亦是包容。包容可助你赢得下属的忠诚，保持其积极进取的心，可使你不受一时得失的影响，保持对事情正确的判断。所以，如果你想有所作为，获得成功，那就要学会包容，养成能够容忍谅解别人不同见解和错误的肚量。

荀子曰："君子贤而能容罢，智而能容愚，博而能容浅，粹而能容杂。"这是一种包容，包容能得道，也是为人处世的根本。对于老子而言，智者或不智，那是别人的评价，自己只是做回到真正的自我便就罢了。包容，对于别人的批评在接受其可取一面的同时，忽略过激或偏颇的一面，这是睿智！

处世智慧

◇江海所以能为百谷王者，以其善下之，故能为百谷王。

◇君子贤而能容罢，智而能容愚，博而能容浅，粹而能容杂。

◇用争夺的方法，我们永远得不到满足，但用宽容的方法，我们可能得到比我们期望的更多。

了解别人是智慧，了解自己是圣明

【聊天实录】

我：夫子，对于知人知己，您怎么看？

老子：对于你所说的，在《道德经》第三十三中，我曾经提到：知人者智，自知者明。

我：夫子，您能结合处世的智慧来详细地解释一下这句话吗？

老子：好的，智，是自我之智。明，是心灵之明。"知人者"，知于外；"自知者"，明于道。智者，知人不知己，知外不知内；明者，知己知人，内外皆明。智是显意识，形成于后天，来源于外部世界，是对表面现象的理解和认识，具有局限性和主观片面性；明，是对世界本质的认识，具有无限性和客观全面性。欲求真知灼见，必返求人于道。只有自知之人，才是人真正的觉悟者。简单地说就是，能认识别人的人叫作机智，能认识自己的人才叫作高明。

我：夫子，您的意思是说人生在世自然而然就有智慧，而且也必须有智慧。因为人既然来到世上，那就要生活；要生活就要与外界打交道，就要适应外界的变化，利用外界的事物；要适应外界的变化，利用外界的事物，那就要认识外界事物，把握外界事物变化的规律，而这就需要智慧。没有智慧就不能生存，更不可以发展，这样理解对吗？

老子：你说得很对，一个真正有智慧的人，不仅仅要做到知人，还要能了解自己。

【智慧处世解读】 知人和自知的辩证

老子认为，人的智慧是由两部分组成的：一部分是对外部世界的认识，另一部分则是对人自己的认识，所以他说："知人者智，自知者明。胜人者有力，自胜者强。"

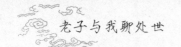

在老子看来，了解他人和了解自己都是智慧，然而了解自己比了解他人更进了一步。战胜他人表明自己有力量，而战胜自己则表明自己很强大，为什么这样说呢?

其一是因为，了解自己要比了解他人难。之所以说难，那是因为自己看不到自己，自己想不到自己，而要看到自己，想到自己要有更大的智慧，需要有以他人为鉴的能力。

这一点，战国时期的哲学家韩非子用具体事例做了说明。楚庄王只看到越国朝政混乱、兵力薄弱，而看不到自己国家朝政混乱和兵力薄弱，因此想去讨伐越国。楚庄王的谋臣杜子认为这是不明智的，并且用眼睛只能看到外物而看不到自己为比喻，使楚庄王明白了自己的缺陷，停止了愚蠢的行动。韩非子通过这个事例说明了老子的"自知者明"，并且下结论说：达到有智是很难的，之所以难，不是难在了解他人，而是难在了解自己。

其二是因为，了解自己以具有自我意识为前提，而自我意识一旦产生，就将会把人的智慧由个体自我意识引向类别自我意识，当人有了个体自我意识的时候，也就在人的头脑中树立起了一个自我的标的，形成了一个全新的认识目标，向着这个目标前进，就会在深入了解个体自我的基础上，逐步形成类别自我的意识。

我们常常认为，最了解自己的当然是自己，但古希腊哲学家苏格拉底"认识你自己"的箴言道出了一个千百年来困扰着一代又一代人的命题。"认识你自己"还被刻在古希腊阿波罗神殿的石柱上，告诫着人们应该有自知之明。老子认为"自知"、"自胜"比"知人"、"胜人"更重要，更难以做到，所以，了解别人的人是智慧，了解自己的人才是高明。

人要有自知之明

"知人者智"，是说了解他人，乃是智慧和能力上的表现；"自知者明"，是说了解自己乃是明智的表现。换言之，必须克服某种障碍，才有自知的可能，否则，再多的智慧，也不足以自知。

说到自知的障碍，绝大部分是由于主观因素。老子说："企者不立，跨者不行，自见者不明，自是者不彰，自伐者无功，自矜者不长……"所谓"企者"，就是好高；"跨者"，就是骛远，如果我们能够正确地认识自己，就能做到高瞻远瞩而不是一味地好高骛远，自讨苦哮。

"自见"、"自是"、"自伐"、"自矜"是人类的通病，都是不自知的表现。

有一位妇女在市场上买了一件质次价高的衣服，她心里其实很后悔。但是当别人指出这一点时，她却很反感，而若有人说这件衣服其实并不错，她会自然地有所赞同。并不是她喜欢这件衣服，而是她不能够承认自己做了愚蠢的事情，甚至可能被看作是愚蠢的人。再说西楚霸王项羽的故事，看起来与此完全不同，其实本质上却相通。项羽败于垓下，他反复地说这么一句："此天亡我也，非战之罪！"他能够笑对死亡，却不能够承认自己在政治和军事诸多方面不及刘邦，而造成最终的失败。司马迁对项羽颇多同情，但对他的至死不悟、归罪于天，仍然指斥说："岂不谬哉！"从内心感受来讲，每个人都不喜欢接受批评而希望听到别人的赞美，全然不顾这些批评或赞美是不是公平的。

在现代心理学研究中，这一问题受到很大的重视。简单归结到一点，就是人都有自我 肯定的需要，这种需要同冷静的自我认识形成冲突，以至于使自我认识的能力不能发挥作用。出于自我肯定的需要，人们常把理想的自我当作真实的自我，沉浸在虚幻的满足中。

北朝颜之推的《颜氏家训》中引用了一则故事：在并州（今山西）地方，有一贵族子弟，好作诗赋，浅陋可笑。旁人有意嘲弄，虚辞赞美，他却信以为真，大摆酒宴，招延声誉。他的老婆流泪苦劝，叫他不要出洋相，此人长叹说："才华不为妻子所容，何况行路！"这也许是有些极端的例子，但那种因为毫无根据的自负而丧失真实地对待自己的能力的人，在我们生活周围都不难看到。也许在不同程度上，我们自己也有这样的毛病。

现实中，牵涉到权力和利益的分配，普遍的现象是，每个人都觉得自己应该占有较大的一份，倘因此而发生矛盾，我们总是倾向于把过失归于他人，而认为自己有充分的理由。所谓"公平"虽是人所公认的原则，但在具体的事情中，许多人却只承认符合自己需求的状态才是公平的，否则就是不公平的。如精神分析学家卡伦·荷妮说："一个积极剥削他人且威迫他人而在他人身上逞威的人，一旦别人坚持一项公平交易时，他将会恨恨地认为这乃是不公平之事。"

人生在世，若要"明"，必须先克服"自障"，把"自我"与"他人"放在同等地位上看待。如此，用于"知人"的智慧和能力，也将在"自知"上发生同样的作用。只有做到知人和自知，才真正算是领悟了人生处世的大智慧。

处世智慧

◇知人者智，自知者明。

◇认识你自己。

◇才华不为妻子所容，何况行路！

只有战胜自己，才是真正的强者

【聊天实录】

我：夫子，每个人都想成为生活中的强者，那么，您认为怎样才算是真正的强者呢？

老子：针对你说的这点，在《道德经》第三十三章中，我曾经说道：胜人者有力，自胜者强。

我：夫子，您能解释一下这句话的意思，并且结合为人处世的智慧来详细说说吗？

老子：好的，这句话的意思是能战胜他人的有力量，能战胜自己的是强者。"胜人者"，凭借的是自我个体的蛮力，"自胜者"，凭借的是坚强的意志。能够战胜自我的人，是具有天地之志的人。天地之志是收获大道、战胜一切的力量源泉，只有"自胜者"，才是真正的强者。

我：夫子，您的意思是说，在生活中，能以己之长处胜过别人，则可以形容为"有力"，而真正做到战胜自己——战胜自己不合于大道的种种欲望，弃除自己的弱点和缺陷，才是真正的"强"。

老子：你说得很对。一个人只有战胜了自己，才算是真正的强者。这也是一个聪明的人应该懂得的处世智慧。

【智慧处世解读】　　有关"胜人"和"自胜"的阐述

在这里，老子说的"自胜"，可能包含了两种不同的意义。

前一种就是克制、战胜自我。老子认为"自胜"比"胜人"更为困难，是因为我们自身的人格缺陷以及恶劣的习性，都是根深蒂固的东西，是"自我"的构成因素。比如当一个人的权力、名誉、地位和利益应有尽有的时候，他最害怕什么呢？那就是伴随而来的孤独，人有时在面对自己的时候是很脆弱的，人要战胜自己往往也是非常的困难。然而，一个人如果无法战胜自己，一直在做自己认为不该做的事，就不能称之为成功的人。

在另一种意义上，"自胜"可以理解为：在自我与他人的关系中，不必把注意力放在如何压倒别人、把自我与他人置于对抗的位置，而只需要关心如何发展自己、完善自己。这一层意义与前一层意义，其实是一件事情的两面。人必须战胜自我的人格缺陷，才谈得上完善与发展。一般人说"胜"的时候，总是把眼睛盯着某个对手，而不能达到真正的"强"。"自胜者强"，这是一种更高层次上的"胜"，也可以说是不胜而"胜"。其实，一个真正强大的人，不需要说自己胜过什么人，真正的成功不是超越别人，成功是超越自我。

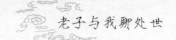

做真正的强者

保罗·迪克的祖父留给他一座美丽的森林庄园，他一直为此而自豪。可是不幸发生在那年深秋，一道耀眼的雷电引发了一场山火，无情地烧毁了那片郁郁葱葱的森林。伤心的保罗决定向银行贷款，以恢复森林庄园以往的勃勃生机，可是银行却拒绝他的申贷。

沮丧的保罗茶饭不思地在家里躺了好几天，太太怕他闷出病来，就劝他出去散散心。保罗走到一条街的拐角处，看见一家店铺的门口人山人海，原来一些家庭主妇在排队购买用于烤肉和冬季取暖用的木炭。看到那一截截堆在箱子里的木炭，保罗忽然眼前一亮，回去后，他雇了几个炭工，把庄园里烧焦的树木加工成优质木炭，分装成 1000 箱，送到集市上的木炭分销店，结果，那 1000 箱木炭没多久便被抢购一空。这样，保罗便从分销商手里拿到了一笔钱。第二年春天他购买了一大批树苗，终于，他的森林庄园又绿浪滚滚了。

一场大火烧毁了前人留给他的一座美丽的森林庄园，也毁掉了他曾经拥有的自豪。然而，面对这样的挫折和失败，主人公用自己的聪明才智战胜了困难，重新赢回了失去的一切。

人生最大的挑战就是战胜自己，唯独自己是最难战胜的。有位作家说得好："自己把自己说服了，是一种理智的胜利；自己被自己感动了，是一种心灵的升华；自己把自己征服了，是一种人生的成熟。大凡征服了自己的人，就有力量征服一切挫折，痛苦和不幸。"

"强者"这顶桂冠只能戴在那些战胜了自己的人头上，古人说："破山中贼易，破心中贼难。"这话实在有道理。每个人都有自己不健康的情感、不良的生活习惯，甚至还有一些见不得人的欲望。如果我们成了这些情感、欲望的俘虏，就会变得荒淫、自私、贪婪、怯懦、懒惰，那样，什么坏事和丑事都干得出来，我们就成了披着人皮的野兽，任何一件有价值的工作也办不好。"成人不自在，自在不成人"。成人立业没有不断地"破心中贼"的意志肯定是不行的！我们平时所说的做自我批评，就是不断战胜自我，把卑鄙的念头和冲动压下去。

一个人想要战胜自己，关键是要自信。一个人在遇到挫折时会有两种心态：一种是，我一定能行，这点失败算什么？另一种是，算了，认输吧，再拼恐怕也躲不过失败的厄运。这两种心态中自信是天使，不自信是魔鬼，而且它们也都是最真实的你自己，最重要的是你要小心不要被魔鬼打败。

有一个学习成绩优秀的青年，去报考一家大公司，结果名落孙山。这位青年得知这一消息后，深感绝望，顿生轻生之念，幸亏抢救及时，自杀未遂。不久传来消息，他的考试成绩名列榜首，是统计考分数时电脑出了差错，他被公司录用了，但很快又传来消息，说他又被公司解聘了，理由是一个人连如此小小的打击都承受不起，又怎么能在今后的岗位上建功立业呢？这个青年虽然在考分上击败了其他对手，可他没有打败自己心理上的敌人，也就是惧怕失败，对自己缺乏信心，遇事自己给自己制造心理上的紧张和压力。

世界著名的游泳健将弗洛伦丝，一次从卡得林那岛游向加利福尼亚海湾，在海水中泡了16小时，只剩下一海里时，她看见前面大雾茫茫，潜意识发出了"何时才能游到彼岸"的信号，她顿时浑身困乏，失去了信心，于是她被拉上小艇休息，失去了一次创造纪录的机会。事后弗洛伦丝才知道，她已经快要登上成功的彼岸，阻碍她成功的不是大雾，而是她心中那个可怕的魔鬼是她自己在大雾挡住视线之后，对创造新的纪录失去了信心，然后才被魔鬼所俘虏。过了两个多月，弗洛伦丝又一次重游加利福尼亚海湾，游到最后，她不停地对自己说："离彼岸越来越近了！"她的潜意识发出了"我这次一定能打破纪录"的信号，顿时浑身来劲，最后弗洛伦丝终于实现了目标。

人有了信心，就会产生巨大的意志力量。人与人之间，弱者与强者之间，成功与失败之间最大的差异就在于意志力量的差异。人一旦有了自信，也就有了力量，就能战胜自身的各种弱点，就能做成在这个世界上能做的任何事情。

在人生道路上，失败和挫折是在所难免的，关键在于我们是否能走出失败的阴影，充满信心地去迎接生活的挑战，失败和挫折并不是最终结局，只要信心不

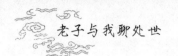

被打碎，用自己的智慧战胜自我，就会成为真正的强者。

> **处世智慧**
>
> ◇胜人者有力，自胜者强。
>
> ◇成功不是超越别人，成功是超越自我。
>
> ◇大凡征服了自己的人，就有力量征服一切挫折，痛苦和不幸。

从细处着手做起

【聊天实录】

我：夫子，生活是一门大学问，在生活中会有容易处理的事情，也会有让我们焦头烂额的事情，在这个过程中，您认为我们应该怎样去做呢？

老子：针对你所说的，我在《道德经》第六十三章中曾经说到：天下难事必做于易，天下大事必作于细。

我：夫子，您能针对这点将这句话说得更清楚一些吗？

老子：这句话的意思就是遇到天下最困难的事，先从较容易下手之处着手。对于天下大事，则先从小地方开始着手。

我：夫子，您在这里强调的是细小之处的重要性，对吗？

老子：你说得对，一个想要成就大事的人，在做事的过程中，一定要学会从细小之处开始着手，这样往往成功的更快。

【智慧处世解读】  **福特的成功**

老子哲学中"天下难事必作于易，天下大事必作于细"的智慧，应用于当今成功的实例很多。先不说个人的成功，就企业管理来说，丰田的精细化管理、海尔的"责任到人"原则，都是做精、做细的成功典范。因此，老子的这一智慧是值得现代人拿来学习和研究的。

生活中，我们很多时候只要对事情的每一个细微之处稍加留心，便能感受到它的妙处。就拿"求职、应聘"来说，关注细节同样能够带来成功。

一家大公司招聘新人，已经淘汰了好几批参加面试的人选，这时无论是面试者还是被面试者都感到了几分紧张。对面试者来说，如果今天再不能选出合格的人选，那公司的许多工作就要受到影响。对被面试者来说，如果能进入这家全国知名企业工作，那自己今后的事业发展将不可估量。这时一位年轻人走进了面试办公室，他在门口看到一张小纸片，出于习惯，他弯下腰捡起纸片并顺手把它扔到了垃圾筒。面试过后，主持面试的该公司总裁叫这位年轻人留下来，他告诉年轻人可以马上到公司参加培训，等培训合格后就可以正式上班了。年轻人自己都有些不敢相信，因为他知道在这次招聘过程中进入面试这一关的都是精英，而且据他观察，其中有不少人的能力水平都在他之上。总裁听到年轻人提出的疑惑，笑着回答说："这正是我找你谈话的原因。你的能力水平确实不是所有应聘者中最好的，但是，只有你在面试时通过了一项最关键的考验——门口的那张小纸片是我故意叫人放在那里的。"

那些与年轻人一同去参加应聘的人，并非没有看到门口那张虽然不大但却明显的纸片。对于他们来说捡起地上的小纸片同样只是弯一下腰那么简单，但是他们却认为如此琐碎的事情不值得一做，所以他们就错过了进入那家大公司的机会，实际上他们因此而错过的重要机会绝不仅仅是这一次。而那年轻人就是美国汽车工业之父——亨利·福特，后来他用自己的实际行动证明了当初那位总裁的独到眼光。在这里，我们看到一个不经意的细微之处就决定了面试的成败。如果对一些小的甚至微不足道的细节过于疏忽，酿成的悲哀也足够令我们非常后悔。

解决困难要从容易处着手，干大事要从细微处做起。天下的难事必定是从容易处开始，天下的大事必定是从细微处开始，所以，聪明的人不会等到问题大了的时候再去解决。"一屋不扫，何以扫天下。"如果人的脑袋里总是装着如何如何做大事，对于身边的小事不屑一顾，那样是做不成大事的。

小事，一般人都不愿意做，但成功者与碌碌无为者最大的区别，就是他愿意做别人不愿意做的事情。一般人都不愿意付出这样的努力，可是成功者愿意，因此他获得了成功。别人不愿意端茶倒水，你更要端出水平；别人不愿意洗刷马桶，你更要刷得明亮；别人不愿意操练，你更要加强自我操练；别人不愿意做准备，你更要多做准备；别人不愿意付出，你更要多付出。每一件别人不愿意做的小事，你都愿意多做一点，你的成功率就一定会不断提高。同事不愿做的事情，你愿意去做；别人不想做的事，你愿意去做。只要能做别人不愿意做的事情，只要能做别人不想做的事情，你就可以成功。

有做小事的精神，就能产生做大事的气魄。不要小看做小事，不要讨厌做小事。只要有益于事业，都要努力做好，用小事堆砌起来的事业大厦才是坚固的，用小事堆砌起来的工作长城才是牢靠的。

一个马掌带来的后果

保持对细节的关注，是成功者最后胜利的重要保证。如果对细节不察不问，办事不拘小节，隐患便会越攒越多，一旦爆发，事情的性质便会发生根本性的变化。

1485 年，理查三世在波斯沃斯战役中被击败，莎士比亚的名句："马，马，一马失社稷!"使这一战役永载史册。

战斗进行的当天早上，理查三世派了一名马夫备好自己最喜欢的战马。

"快点给它钉掌，"马夫对铁匠说，"国王希望骑着它打头阵。"

理查三世画像

"你得等等，"铁匠回答说："我前几天给国王全军的马都钉了掌，现在我得找点儿铁片来。"

"我等不及了，"马夫不耐烦地叫道，"敌人正在推进，我们必须在战场上迎击敌兵，有什么你就用什么吧。"

铁匠埋头干活，从一根铁条上弄下 4 个马掌，把它们砸平、整形，然后开始钉钉子固定在马蹄上。钉了 3 个掌后，他发现没有钉子来钉第四个马掌了。

"我需要一两个钉子，"他说，"得需要点儿时间砸出两个。"

"我告诉过你我等不及了，"马夫急切地说，"我听见军号了，你能不能凑合凑合？"

"我能把马掌钉上，但是不能像其他几个那么牢实。"

"能不能挂住？"马夫问。

"应该能，"铁匠回答，"但我没把握。"

"好吧，就这样。快点，要不然国王会怪罪到咱俩头上的。"

两军交上了锋，理查国王就在军队的阵中，他冲锋陷阵，鞭策士兵迎战敌人。"冲啊，冲啊！"他喊着，率领部队冲向敌阵。

远远地，他看见战场另一头几个自己的士兵退却了，如果别人看见他们这样，也会后退的，理查策马扬鞭冲向那个缺口，召唤士兵调头战斗。

他还没走到一半，一只马掌掉了，战马跌翻在地，理查也被掀到地上。

国王没有抓住缰绳，惊恐的战马就跳起来逃走了。理查环顾四周，他的士兵们纷纷转身撤退，亨利的军队包围了上来。

他在空中挥舞宝剑，"马！"他喊道，"一匹马，我的国家倾覆就因为这一匹马。"

他没有马骑了，他的军队已经分崩离析，士兵们自顾不暇。不一会儿，亨利的士兵俘获了理查，战斗结束了。这场战役所有的损失，都是因为少了一个马掌钉。

人们的失败，有许多并不是因为大事，而是败在对细节重视不够。对自己的要求不严，对他人的观察不细，都可造成严重的后果和误判，使事情的大方向渐渐走偏。人与事都是由许多细节构成的，小就是大，大就是小，它们是完整的统一体，辩证

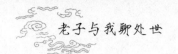

地看它们才不会失之片面，在细微处把握住主旨，人们就不会有大的闪失了。

"成也萧何，败也萧何。"做事的成败，同样决定我们能否真正把握和了解事情的某些细微之处：一旦我们体会到这些细微之处，那就是成；倘若始终无法体会到这些细微之处，那就只有败了。

处世智慧

◇天下难事必作于易，天下大事必作于细。

◇成也萧何，败也萧何。

◇马，马，一马失社稷！

聪明的人知道隐藏自己的实力

【聊天实录】

我：夫子，在这个世界上，有很多聪明的人，您认为一个非常有才能的人怎样做才算是聪明之举，智慧之举呢？

老子：针对你说的这点，我在《道德经》第九章中曾经提到：金玉满堂，莫之能守；富贵而骄，自遗其咎。

我：夫子，您能就这点解释一下这句话的意思吗？

老子：好的，这句话的意思就是金玉满堂，无法守藏；如果富贵到了骄横的程度，那是自己留下了祸根。

我：夫子，您的意思是说一个有才能的人要知道隐藏自己的智慧，这样才算是真聪明，对吗？

老子：你说得很对，聪明的人要知道隐藏自己的智慧，这也是一种智慧处世之道，同时也是一种生存之道。

瞒天过海，隐藏自己实力

人是应该学会隐藏自己的。当你认为有能力打败对手的时候，最终失败的可能是自己，当你认为对手实力强大到让自己胆怯的时候，你所隐藏的杀伤力说不定就是置对手于死地的力量。人生无奇，策略制胜。

《孙子兵法》中有一计为"瞒天过海"，本指光天化日之下不让天知道就过了大海，形容极大的欺骗和谎言，什么样的欺骗手段都使得出来。"瞒天过海"之谋略绝不可以与"欺上瞒下"、"掩耳盗铃"或者诸如夜中行窃、拖人衣裘之类等同。虽然，这两种在某种程度上都含有欺骗性，但其动机、性质、目的是不相同的，不可以混为一谈。这一计的兵法运用，常常是着眼于人们在观察处理世事中，由于对某些事情的习见不疑而自觉或者不自觉地产生了疏漏和松懈，故能乘虚而示假隐真，掩盖某种军事行动，把握时机，出奇制胜。

某商业机关的在野派与当局派竞争管理行政权，他们从拉拢股权人人手。开始登记股权后，在野派活动甚力，所拉拢的股权超过当局派，他们自信已稳操胜券，对于当局派的注意力因此而懈怠。谁知当局派把拉拢到的股权暂时藏起，不办登记手续，真到登记限期届满的一刹那，全数携往登记。细察当局派的斗智经过，实在是孙膑减灶的方式。

兵法中的所谓"兵不厌诈"就是："兵者，诡道也。"主张在战争之前隐藏自己的实力，造成敌人错误的估计，然后"攻其无备，出其不意"。其要诀：要避开敌人的锐气而攻其暮气，扰乱敌人军心，使敌人疲于奔命，然后以逸待劳乘虚而入，即是所谓避实击虚，多放烟雾等策略的运用。迷惑敌人，保护自己，然后一举得手。

《孙子兵法》中有一计为"蒙蔽计"，是教人如何在竞争对抗中占上风。蒙蔽求胜的要义所在是将自己的目的和意图深藏起来，使对方无法发现而麻痹大意，或用假幌子使对方无从辨认，信以为真。然后，便有了条件和时机。从容完成原

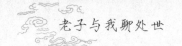

定计划，做人呆呆，处事聪明，在中国尤其不失为一种智慧处世之道。

韬光养晦，才是智慧处世之道

太过显露自身的才华或者金钱，就会被他人觊觎，惹来祸端，学会韬光养晦，是保全自己的一种策略。韬光是指隐藏自己的光芒，养晦是处在一个相对不显眼的位置。韬光养晦也就是隐藏自己的光芒，有才不外露，这样做的目的也是为了保全自己。当身处险境时，这是一种很优秀的策略，也是聪明的处世之道。

三国后期，魏国的魏明帝去世了，可继位的曹芳年龄只有八岁，朝政由太尉司马懿和大将军曹爽共同执掌，两位都是位高权重之人。曹爽是宗亲贵胄，飞扬跋扈，当然不把异姓的司马氏放在眼里，于是，他就想把司马懿除掉。他用明升暗降的手段剥夺了司马懿的兵权，司马懿虽然非常不满，但一时又无可奈何，为了免遭曹爽的再度加害，同时也为了保全自己，以待时机，于是司马懿称病不再上朝了。曹爽听到这个消息后，当然十分高兴，他心里明白，司马懿是他当权的唯一潜在对手，也是夺权的唯一障碍，必须设法除掉，所以他想方设法了解司马懿的一举一动。

一次，听说司马懿病重了，便派亲信李胜去司马家探听虚实。司马懿是一个很聪明的人，他早已看破了曹爽的心事，早有准备。李胜被下人引到司马懿的卧室，只见司马懿病容满面，头发散乱，躺在床上，由两名侍女服侍。

李胜看到后极为震惊，说："好久没来拜望，不知您病得这么严重，现在我被大将军命为荆州刺史，特来向您辞行。"但司马懿却假装听错了，说："并州是近境要地，一定要抓好防务。"

李胜忙说："是荆州，不是并州。"可是，司马懿还是装作没有听明白。两个侍女给他喂药，他吞得很艰难，汤水还从口中流出，他装作有气无力地说："我已命在旦夕，我死之后，请你转告大将军，一定要多多照顾我的孩子们。"看了

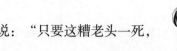

此景，李胜回去后向曹爽做了汇报，曹爽欣喜异常，说："只要这糟老头一死，我就没有什么好担心的了。"

司马懿通过这次极为精彩的装病，躲过了曹爽的迫害。没过多久，天子曹芳要去济阳城北扫墓，祭祀祖先，就非常放心地带着他的三个兄弟和亲信等护驾出行了。

司马懿听到这个消息后，欣喜若狂，认为时机已到，马上调集家将和过去的老部下，迅速占据了曹氏兵营，然后进宫威逼太后，历数曹爽罪过，要求废黜这个奸贼。

"大军"压境，太后无奈之下，也只得同意。如此，司马懿又派人占据了武库。等到曹爽闻讯回城，大势已去。司马懿又以篡逆的罪名，诛杀曹爽一家，终于独揽大权，至此，曹魏政权已完全落入司马氏手中。

司马懿适时装糊涂，不露自己的高明，借以假痴疯癫迷惑对手，暂时保全自己，又寻找合适的时机反攻对方，可谓是韬光养晦的典范。

韬光养晦，隐藏自己的光芒，使自己处在一个相对不显眼的位置。凡英雄者，胸怀大志，腹有良谋，有包藏宇宙之机，吞吐天下之志者也。但也要学会行韬晦之计，忍受屈辱、掩饰实力、等待时机，其目的是打败敌人，有所作为。

因此，韬光养晦不只是一种生存策略，更是一种美德。一个甘愿处于次要位置的人，一个谦卑的人，最终会赢得大家的尊重和爱戴。而一个骄傲的人、一个锋芒毕露的人，常常因为无法接纳他人的意见，从而失去他人的支持，常常被降到卑贱的地步。所以说，韬光养晦，等待时机，才能终成大业。

在千变万化的人世间，总会遇到碰碰撞撞，尤其是在钩心斗角的官场中，更不可避免。处于这样的环境中，你只有藏长露短，借此麻痹对手，忍辱负重，最终方能取胜。

作为一个人，尤其是作为一个有才华的人，在处世中，既想有效地保护自己，又想充分发挥自己的才华，不仅要战胜盲目骄傲自大的病态心理，不要太张狂太咄咄逼人，更要懂得韬光养晦之道。

当然也许有人会说，采用办法不是永远不会被人知道吗？其实只要一有表现本领的机会，你把握这个机会，做出过人的成绩来，大家自然就会知道。这种表现本领的机会不怕没有，只怕把握不牢，只怕做的成绩不能使人特别满意。你已有真本领，就要留意表现的机会，没有真本领，就要赶快从事预备，《易经》上说："君子藏器于身，待时而动。"无此器最难，有此器不患无此时。

处世智慧

◇金玉满堂，莫之能守；富贵而骄，自遗其咎。

◇攻其无备，出其不意。

◇君子藏器于身，待时而动。

大智若愚是智者的处世之道

【聊天实录】

我：夫子，现实中，有的人说做人要聪明一点儿，也有的人说做人要糊涂一点儿，对此，您是怎样看的呢？

老子：对于你所说的我在《道德经》第五章中曾经提到：多言数穷，不如守中。

我：夫子，您能解释得更清楚一些吗？

老子：好的，其实，这句话的意思就是说言论愈多，离道愈远，反招致亡败，倒不如守着虚静无为的道体呢。

我：夫子，您的意思是说，人在处世当中，应该努力做到大智如愚，这样也是智慧的表现，对吗？

老子：你说得很对，大智如愚是智者的处世之道，一个人要想真正做到智慧处世，就要做到大智若愚。

【智慧处世解读】　　　　聪明而愚为大智

明代大作家吕坤写道："愚者人笑之，聪明者人疑之。聪明而愚，其大智也。夫《诗》云'靡哲不愚'，则知不愚非哲也。"其意思是：愚蠢的人，别人会讥笑他；聪明的人，别人会怀疑他。只有既聪明但是看起来又愚笨的人，才是真正的大智者。

"大智若愚"的意思就是有大智大慧大觉大悟的人不显露才华，外表上好像很愚笨，事实上，这既是一种至高的人生境界，又是人生大谋的回答。就前者而言，大智的人如同风一样自由，无牵无挂，无拘无束，俗世的一切都在身外。就后者而言，是在人前收敛自己的智慧，一种混混沌沌的样子，在小事上常常不如一般人精明，应变能力好像也差一些，这正是城府很深的表现。假装愚钝，让人以为自己无能，让人忽视自己的存在，而在必要时，可以不动声色，先发制人，让别人失败了还不知是怎么回事。做人应尽量避免显山露水，不要成为别人妒忌的目标；愚蠢而危险的虚荣，满足之日，往往就是一个人失败之时。

很多时候，在"若愚"的背后，隐含的是真正的大智慧大聪明大学问，而只要是真正具有大智慧大聪明大学问的人往往给人的印象总是显得有点愚钝。

生活中，聪明与智慧实在是两回事，聪明是一种先天的东西，总令人感到聪明人的光辉，但往往这种表面的光芒，不能令聪明人成功，所以我们经常看到很多被认为聪明的人往往一事无成。而智慧就不同了，有智慧的人未必聪明，如寓言《塞翁失马》中的塞翁，《愚公移山》中的愚公，他们眼里看见的不是即时的利益，而是日后的好处，因为日后的大利，他们肯去吃眼前的苦，这样的人或许不是聪明人，但却是有智慧的人。

美国前总统威尔逊小时候比较木讷，镇上很多人都喜欢和他开玩笑，或者戏弄他。一天，他的一个同学一手拿着一美元，一手拿着五美分，问小威尔逊选择拿哪一个。

威尔逊回答说："我要五美分。"

"哈哈，他放着一美元不要，却要五美分。"同伴们哈哈大笑，四处传说着

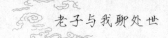

这个笑话。

许多人不信小威尔逊竟有这么傻，纷纷拿着钱来试，居然屡试不爽，每次小威尔逊都回答"我要五美分"。整个学校都传遍了这笑话，每天都有人用同样的方法愚弄他，然后笑呵呵地走开。

终于，他的老师有一天忍不住了，当面询问小威尔逊："难道你连一美元和五美分都分不清大小吗？"

"我当然知道。可是，我如果要了一美元的话，就没人愿意再来试了，我以后就连五美分也赚不到了。"

威尔逊只是不愿把心思放在贪图小利的小聪明上，而只着眼于智慧。聪明却显得愚笨，确是一种大智慧，因为胸有成竹，所以不计外表愚笨。

的确，威尔逊看似愚笨，实为聪慧。他为长久而想，而那些嘲笑他的人却只顾眼前利益，而且自以为聪明。一个人的智商高出普通人的正常值，这样的人就是我们生活中常说的聪明人。然而，顺着这个逻辑，我们会发现很多成功的人物并不是聪明绝顶，相反，他们可能还曾有些笨。有个统计数字显示，成功的人物中最多只有不超过10%的人智商超群，其余90%的智商绝对只是普通人水平，但是，他们却成功了。为什么会这样呢？原来，成功的人物更重视智慧。大凡立身处世，是最需要聪明和智慧的，但聪明与智慧有时候却需要依赖糊涂才得以体现。

智慧和聪明就像主人和仆人的关系，主人没有仆人的协助不行，会显得非常笨拙狼狈，缺乏效率。但再聪明的仆人都还是仆人，他不可能是主人。仆人需要主人的方向，没有主人的仆人，等于失去了用处。

才美不外现已属不易，大智如愚更是难上加难。以退为进，以愚显智，确实是一种大气之举。因此，我们必须通过实践去把聪明转变成智慧，在智慧的基础上行动，从而能够事半功倍。智慧可以成就大事业，能经受时间考验；聪明虽能带来一时的成功，但总有机关算尽的时候。当然，聪明不是错，更不是罪，关键是要用好自己的聪明，把聪明转化为智慧。这样，才能为自己的人生锦上添花，而不会让它成为美丽的泡沫。

大智若愚的隰斯弥

大智若愚的人给人的印象是：虚怀若谷，宽厚敦和，不露锋芒，甚至有点木讷，其实在"若愚"背后，隐含的是真正的智慧大聪明。大智若愚，这是兵家的计谋，也是处世的方略。

"大智若愚"，并非故意装疯卖傻，并非故意装腔作势，也不是故作深沉，而是待人处世的一种方式、一种态度，即心平气和，含而不露，隐而不显，自自然然，平平淡淡，普普通通，从从容容，看透而不说透，知根而不亮底，凡事心里都清清楚楚，明镜儿似的，而表面上却显得不知、不懂、不明、不晰。大智若愚既表现在人的面部表情上，也表现在人的行为举止上。大智若愚的人给别人的印象是，时常笑容满面，宽厚敦和，平易近人，虚怀若谷，有时甚至显得有点木讷，有点迟钝，有点迂腐。但我们需要切记：若愚者，即似愚也，而非愚也。因此"若愚"只是一种表象，只是一种策略，而不是真正的愚笨。

春秋时，齐国有位智者叫隰斯弥，当时当权的大夫是田成子，颇有窃国之志。

一次，田成子邀他谈话时，两人一起登临高台浏览景色，东西北三面平野广阔，风光尽收眼底，唯南面却有一片隰斯弥家的树林翁翁郁郁，挡住了他们的视线。

隰斯弥在谈话结束后回到家里，立即叫家仆带上斧锯去砍树林。可是刚砍了几棵，他又叫仆人停手，赶快回家。家人望着他感到莫名其妙，问他为什么要这样做？隰斯弥说："国之野唯我家一片树林突兀而列，从田成子的表情看，他是不会高兴的，所以我回家来急急忙忙地想要砍掉。可是后来一转念，当时田成子并没有说过任何表示不满的话，相反倒十分地笼络我。田成子是一个非常有心计的人，他正野心勃勃要窃取齐国，很怕有比他高明的人看穿他的心思。在这种情况，我如果把树砍了，就表明了我有知微察著的能力，那就会使他对我产生戒心。所以不砍树，表明不知道他的心思，就算有小罪也可避害；而砍了树，表明我能知人所不言，这个祸闯得可就太大啦！"

这是一种典型的自保之术，所谓"察见渊鱼者不祥"是也。因此有时"事不关己，高高挂起"，也自有其一定的合理性。尤其是作为有一定地位的领导者，对下属如果采取令人人自危的考察术，就必须审察有度，所以古人说"洞察以为明者，常因明而生暗"。说的就是精于察人而产生的副作用，即"好丑在心太明，则物不契，贤愚心太明，则人不亲，士君子须是内精明而外浑厚，使好丑而得其平，贤愚共受其益，才是生成的德"。这也可说是古人在辩证法上的"智慧"了，所谓"大智若愚"就可作如是观吧。

处世智慧

◇愚者人笑之，聪明者人疑之。聪明而愚，其大智也。夫《诗》云'靡哲不愚'，则知不愚非哲也。

◇才美不外现已属不易，大智如愚更是难上加难。

◇好丑在心太明，则物不契，贤愚心太明，则人不亲，士君子须是内精明而外浑厚，使好丑而得其平，贤愚共受其益，才是生成的德。

学会选择和放弃

【聊天实录】

我：夫子，对于人生中的一些选择和放弃的问题，您是怎么看待的呢？

老子：对于你所说的这点，我在《道德经》第六十四章中曾经提到过：为之者败之，执者失之。

我：夫子，您说得很简洁，能不能结合刚才的问题说得更详细一些呢？

老子：好的，也就是说，勉强作为的人必定会失败，固执的人必定会有所失去。

> 我：夫子，您的意思是说，在面对取舍和选择的时候，如果觉得没有必要坚持的话就应该学会放弃。
>
> 老子：你说得很对，人生处世，一定要学会选择和放弃，这也是一种智慧。

【智慧处世解读】　　　　放弃也是一种选择

曾有一个人是一位是登山队员，一次他有幸参加了攀登珠穆朗玛峰的活动，到了7800米的高度，他体力支持不住，停了下来。当他讲起这段经历时，人们很替他惋惜：为什么不再咬紧牙关坚持一下呢？这样或许就能爬到顶峰。

"不，我最清楚，7800米的海拔是我登山生涯的最高点，我一点也不为此感到遗憾。"他说。他是明智的，充分了解自己的能力，没有勉强自己，保存了体力，没有受伤而能够平安归来。

这是生活中一种美好的境界。其实，生活并不需要这么些无谓的执着，没有什么真的不能割舍，学会放弃，生活会更容易。

学会放弃，甚至比一味追求拥有更重要。放弃绝不能成为我们困境中选择逃避的借口，绝不能成为事业上免除责任的托词。在放弃中，我们依然要将风雨担在肩头，不让正义从身边溜走。放弃心中的块垒，绝不是放弃我们争胜的气魄；放弃身上的冗物，绝不是放弃我们战斗的利刃。

选择放弃，能使人释然，令人豁达。要想有永远的掌声，就得放弃眼前的虚荣。放弃，并不意味着失去，因为只有放弃才会有另一种获得。选择放弃，不是萎靡退缩，消极避让，不是扔掉一切，得过且过，而是善于审时度势，从自己的实际出发进行明智的选择。而人生的有些部分，对我们来说是万万不能放弃的，像热爱生活，珍惜时光，保持乐观向上的心情，追求身心健康，等等，则是永远也不能放弃的。与其苦苦地追求那遥不可及的理想，倒不如学会放弃。

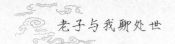

坚持的精神固然可嘉，但你可知道胜利的背后又有多少不为人知的痛苦与悲伤？放弃那些注定不属于自己的东西，放弃那份带来痛苦的执着，放弃那段伤害自己伤害他人的爱情；去寻找更美好、更适合自己的目标，去寻找能更快达到成功彼岸的航线。人的一生，总是怀着无边的欲望，企图更多地占有，并将这种占有美化，寻找出种种借口，比如有追求、上进心强等。我们以为自己拥有的越多，就会离幸福越近。

放弃其实也是一种选择，走在人生的十字路口，你必须学会放弃不适合自己的道路；面对失败，你必须学会放弃懦弱；面对成功，你必须学会放弃骄傲；面对弱者，你必须学会放弃冷漠……我们只有在困境中放弃沉重的负担，才会拥有必胜的信念。放弃我们必须放弃的、应该放弃的，我们才可能更多的拥有。因为只有虚怀若谷，才可能吞云吐雾；只有浩瀚如海，才可能不择江河。

事业中是这样，生活中也是这样。有时候，放弃不仅仅需要勇气，更需要智慧。时代不同了，放弃的方法、放弃的内容不尽相同。面对新的实际，需要我们在事业和生活中好好学习，好好把握。放弃绝不是一种简单的减法，放弃甚至就不曾是减法。放弃自己旧的思维模式，就可能赢得新的胜利，创造新的历史。即便是一辆汽车，所能承载的重量也是有限的。一点也不放弃的结果，只能是被不堪承受之重压垮，到头来什么也不会属于自己。

放弃那些力所不及的不切实际的幻想，放弃盲目扩张的欲望，放弃那些我们不想拥有的和那些对自己毫无意义的甚至有害的东西，放弃一切该放弃的东西，瞄准自己的大目标，全力以赴，努力拼搏，才会成就一番大事业。

人生要学会舍弃

人生在世，要学会舍弃，舍"与"得"互为因果，不仅相关而且互动。佛教之中讲究唯有懂得舍得的人才会修成正果，进入极乐世界。"舍迷入悟，舍小获大，舍妄归真，舍虚由实"。现实中如果一个人能够真正将自己的个人恩怨、痛苦烦恼抛之脑后，统统舍去，那么他收获的将是快乐无比的人生。

春秋战国时期，燕国国君燕昭王费尽心思，想招揽人才以增强国力，然而他的想法却被认为是叶公好龙，根本不是求贤若渴。为此，燕昭王整天因寻觅不到治国安邦的英才而闷闷不乐，后来他听智者郭隗讲了这样一个故事：

从前有一个国君，他自愿出千两黄金寻求千里马，可是三年过去，他仍然毫无收获，为此他一筹莫展。

时间又过了三个月，他好不容易发现了一匹千里马，于是他派手下不惜任何代价去购买千里马，结果他的手下花了五百两黄金，买到的却是一匹死马。

当国君知道后，大发雷霆："我要的是活马，你怎么花这么多钱弄一匹死马来呢？"

国君的手下说："你舍得花五百两黄金买死马，更何况活马呢？我们这一举动必然会引来天下人为你提供活马。"果然不出所料，没过几天便有人送来了三匹千里马。

郭隗向燕昭王讲了这个故事后，说："国君，您要想招揽人才，首先从招纳我郭隗开始吧！像我郭隗这种才疏学浅的人都能被国君采用，那些比我本事更强的人，必然会闻风千里迢迢赶来。"于是燕昭王接受郭隗的建议，拜他为师，为他建造宫殿。时隔不久，各国有才干的人听到燕昭王这样真心实意招请人才，纷纷赶到燕国来求见，燕国出现了"士争凑燕"的热闹局面。其中最出名的是赵国人乐毅，燕昭王拜乐毅为亚卿，请他整顿国政，训练兵马，燕国果然一天天强大起来。除此之外投奔而来的还有齐国的阴阳家邹衍、赵国的游说家剧辛等，曾经落后的燕国一下子便人才济济，不再是以前内乱外祸、满目疮痍的局面，燕国逐渐成为一个富裕兴旺的强国。

面对纷繁复杂的世界和物欲横流的社会，懂得放弃的人，就会用乐观、豁达的心态去对待没有得到的东西，他们每天都会有快乐和愉悦的心情；而不懂得放弃的人，只会焦头烂额地乱冲乱撞，他们不但最终达不到目的，而且每天都会陷

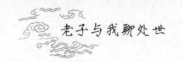

于患得患失的苦恼之中。

也许放弃当时是痛苦的，甚至是无奈的选择，但是若干年后回首那段往事，我们会为当时正确的选择感到自豪，感到无愧于社会、无愧于人生。新《卧虎藏龙》里有一句经典的台词："当你紧握双手，里面什么也没有；当你打开双手，世界就在你手中。"我们应该懂得舍弃，生活中鱼和熊掌兼得的时候很少，每一次放弃都是为了下一次得到更多的回报。

舍弃是一种智慧，是一种豪气，是更深层面的进取。有时候我们之所以举步维艰，是因为负担太重；之所以负担太重，是因为我们还不懂得舍弃。功名利禄常常微笑着置人于死地，诗人泰戈尔说："当鸟翼系上黄金时就飞不远了。"我们要学会舍弃，才能卸下人生的种种包袱，才能轻装上阵迎接生活的转机，度过人生的风风雨雨；我们要懂得放弃，心里才会更加充实、坦然和轻松。

处 世 智 慧

◇为之者败之，执者失之。

◇舍迷入悟，舍小获大，舍妄归真，舍虚由实。

◇泰戈尔说："当鸟翼系上黄金时就飞不远了。"

吃亏也是一种智慧

【聊天实录】

我：夫子，人们常说，吃亏是福，对此，您怎么看？

老子：对于你所说的观点，我在《道德经》第八十一章中曾经提到：圣人之道，为而不争。

我：夫子，您能将这句话和智慧处世联系起来解释一下吗？

老子：好的，这句话就是说圣人之道，在于对人施予而不与人争夺。

我：夫子，如果引申一下理解，是不是可以理解为在为人处世当中，应该不怕吃亏，而且要会吃亏呢？

老子：对，可以这样理解。人生在世，懂得吃亏，善于吃亏，也是一种难得的处事智慧。

【智慧处世解读】

吃亏是福

洪应明说："毁人者不美，而受人毁者遭一番讪谤便加一番修省，可释冤而增美；欺人者非福，而受人欺者遇一番横逆便长一番器宇，可转祸而为福。"吃亏是福，遭人毁谤、受人欺负都可以转为对自己道德品行的磨炼，转祸为福。

有人问李泽楷："你父亲教了你一些怎样成功赚钱的秘诀吗？"李泽楷说，赚钱的方法他父亲什么也没有教，只教了他一些为人的道理。李嘉诚曾经这样跟李泽楷说，他和别人合作，假如对方拿七分合理，八分也可以，那么李家拿六分就可以了。

李嘉诚的意思是，他吃亏可以争取更多人愿意与他合作。你想想看，虽然他只拿了六分，但现在多了一百个合作人，他现在能拿多少个六分？假如拿八分的话，一百个人会变成五个人，结果是亏是赚可想而知。李嘉诚一生与很多人进行过或长期或短期的合作，分手的时候，他总是愿意自己少分一点钱。如果生意做得不理想，他就什么也不要了，宁愿吃亏。这是种风度，是种气量，也正是这种风度和气量，才有人乐于与他合作，他也就越做越大，所以李嘉诚的成功更得力于他的恰到好处的处世交友经验。

吃亏是福，乃是智者的智慧。不管你是做老板也好，还是做生意场上的伙伴也罢，手下的人跟着你有好日子过、有奔头，他才会一心一意与你合作，跟你干，因为他知道老板生意好了他才会好。生意场的伙伴同你做生意不能赚钱，才会朝

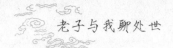

三暮四。

有人与朋友一旦分手，就翻脸不认人，不想吃一点亏，这种人是否聪明不敢说，但可以肯定的是，一点亏都不想吃的人，只会让自己的路越走越窄。让步、吃亏是一种必要的投资，也是朋友交往的必要前提。为什么呢？在生活中，人们对处处抢先、占小便宜的人一般没有什么好感。占便宜的人首先在做人上就吃了大亏，因为他已经处处抢先，从来不为别人考虑，眼睛总是盯着他看好的利益，迫不及待地跳出来占有它。他周围的人对他很反感，合作几个来回就再也不想与他合作下去了。合作伙伴一个个离他而去，他难以找到愿意与他重新合作的人，不就是吃了大亏吗？

人生在世，主动吃亏，山不转水转，也许以后还有合作的机会，又走到一起。若一个人处处不肯吃亏，则处处必想占便宜，于是，妄想日生，骄心日盛。而一个人一旦有了骄狂的态势，难免会侵害别人的利益，于是便起纷争，在四面楚歌的时候，焉有不败之理？

人生不妨吃点亏

曾经有这样的一个故事：有一天，父亲早早起床，为儿子和自己准备了两碗荷包蛋面条。父亲告诉儿子："这里有两碗面条，其中只有一个有鸡蛋，你说你自己选哪个吧！"

儿子观察了一下，用手指着卧蛋的那碗，说："我要吃有蛋的那碗。"

父亲故意说："难道你没有听说过孔融让梨的故事吗？孔融年仅7岁便懂得让梨，你今年都10岁了，也应该学会让蛋呀？"儿子听了父亲的话后，刚才高兴的样子一下子抛到九霄云外，他说道："不行，我一定要吃有鸡蛋的那一碗。"

"你确定一定要吗？不后悔吗？"父亲反问说。

"绝不后悔。"儿子表示出一份镇定的样子。

于是他用筷子对准那个能看见卧蛋的那碗，吃了里面的鸡蛋，可是让他万万没有想到的是，父亲那碗里面竟然有两个鸡蛋。

父亲吃完后，告诉儿子说："你要牢记，想占别人便宜的人，往往占不到便宜。"

第二天，父亲照样做了两碗荷包鸡蛋面条，其中一碗蛋卧上边，另一碗上边没蛋。当他将两碗面端上桌子的时候，问儿子："今天你要吃哪一碗面？"

今天儿子耍了一回小聪明，他用手指着那一碗无蛋的碗，说："孔融让梨，我今天让蛋。"说完他便将那碗无蛋的端到自己面前。父亲再次让他确认，他表示绝不后悔。

结果儿子的那一碗里面一个鸡蛋也没有，而父亲的碗底还藏着一个鸡蛋，当儿子知道真相后，一下子傻了眼。

父亲指着碗，对儿子说："你知道吗？现实中那些想占便宜的人可能要吃亏。"

第三天，父亲如同往常，做了两碗荷包鸡蛋面条，还是一碗蛋卧上边，另一碗没有蛋。父亲问儿子："你今天吃哪一碗吗？"

儿子诚恳地说："孔融让梨，儿子让面。父亲，您是大人，您先吃吧。"

父亲说："那我就不客气了。"于是父亲端过上边卧蛋的那碗，结果儿子发现自己碗里也藏着一个荷包蛋。

现实中，暂时的吃亏也是一门学问。那些整天爱占别人小便宜的人表面上自己没有吃亏，事实上他们得到的只是一些蝇头小利，往往到了人生的关键时刻，他们就要栽跟头。事实上，越是不愿意吃亏的人，往往越是吃亏，而且是吃大亏，而爱占便宜的人往往会失去做人的人格与尊严。

吃亏必定意味着牺牲与舍弃，只有那些心胸宽广的人才会懂得吃亏的学问，因为他们深深懂得世界上没有白占的便宜。乐于吃亏是做人的一种境界，是人格的一种升华。对别人宽宏大量，别人也会尊重你。

吃亏不要紧，吃"眼前亏"是为了换取其他利益，吃点"眼前亏"更是为日后不吃亏而做准备。老祖先说："好汉不吃眼前亏。"现在的处世专家则说："好汉要吃眼前亏！"所以说："好汉要吃眼前亏。"因为眼前亏不吃，可能要吃更大的亏！

可是有不少人碰到眼前亏，会为了所谓的面子和尊严，而与对方搏斗，有些人因此而一败涂地不能再起，有些人即使获得一些胜利，也会元气大伤！

有一天，一头狮子向九只野狗提出一同猎食，它们猎了一整天，猎到了十只羚羊，到了平分战果的时候，狮子说："看来我们要找个聪明人帮我们分才公平呀。"

这时一只野狗说："一对一就很公平呀。"狮子大怒，就把那只野狗打晕了，其他野狗看到了这场面都吓坏了，这时又有一只野狗忽然说道，我们九个兄弟加一只羚羊就是十，那么您加九只羚羊也是十，这样我们就都一样是十，就很公平了。

狮子听了很开心，问它是怎么想到这么聪明的办法，野狗诚实地回答："在您打伤我们兄弟的时候我就是这么想的。"这则寓言很现实，显然，九只野狗都不是狮子的对手，这样的眼前亏不吃，还要等到比眼前亏更惨的吗？

所以说，好汉不妨吃点眼前亏，这个吃亏就是"舍"，目的是以吃眼前亏来换取更多的机会，是为了存在和更高远的目标，这就是"得"。如果因为不吃眼前亏而蒙受损失或灾难，甚至把命都弄丢了，还说什么未来和理想呢？

处世智慧

◇圣人之道，为而不争。

◇好汉要吃眼前亏。

◇毁人者不美，而受人毁者遭一番讪谤便加一番修省，可释冤而增美；欺人者非福，而受人欺者遇一番横逆便长一番器宇，可转祸而为福。

第七章

老子跟我聊真诚处世

　　诚实守信既是一种传统美德，也是一种处世原则。漫漫人生途中，一个真诚厚道的人，往往更能感受到生活中的真善美。要做到真诚处世，就要摒弃虚伪的面具，以厚德载物，以诚信立业，以真诚待人，务实务虚。这样，才能赢得他人的信任，赢得他人的帮助，从而赢得人生的成功。

做人千万不要太虚伪

我：夫子，在这个世界上，芸芸众生，千姿百态，真真假假往往难以分辨，对此，您认为应该怎样处世呢？

老子：对于你说的这些，解答起来并不难，但是做起来却不是很容易。在《道德经》第三十八章中，我曾经提到：上德不德，是以有德；下德不失德，是以无德。上德无为而无以为，下德为之而有以为。上仁为之而无以为，上义为之而有以为。上礼为之而莫之应，则攘臂而扔之。故失道而后德，失德而后仁，失仁而后义，失义而后礼。夫礼者，忠信之薄而乱之首。前识者，道之华，而愚之始。

我：夫子，这段话应该怎样去理解呢？您能给我们解释解释吗？

老子：好的，这段话的意思就是上德不表现为有德，实际上是有德；下德自以为有德，实际上是没有德。上德不妄为而且无意表现有为。下德有所为并且故意表现有为。上仁有所为但无意表现有为。上义有所为并且故意表现有为。上礼有所为但得不到响应，于是伸出胳膊强迫人家来响应。所以失去了"道"以后才有德，失去了德以后才有仁，失去了仁以后才有义，失去了义而后才有礼。礼这个东西，是忠信的不足是混乱的开始。有先见之明的人，是"道"的虚华，是愚昧的开始。

我：夫子，您是不是说，我们在为人处世当中，不要太虚伪做作，而是要真实一些呢？

老子：对，你说得不错，一个人不管什么时候都不要太虚伪，而是要以最真实的自己来处世。

做人还是活得真实一点好

人不是装出来的，是实实在在做出来的，做人千万不要太虚伪。《菜根谭》中说："君子而诈善，无异小人之肆恶；君子而改节，不及小人之自新。"虚伪和人的思考有关，老子说："智慧出，有大伪。"说的就是这个道理。

不可否认，在人际交往中，虚伪有时无法避免。人是需要依赖社会的，为了能够在社会上得以生存，人就不可避免地要适应和屈服这个社会，而社会又是由个体组成的，这样在人际交往中，有时就必须违背自己的内心去迁就他人，否则就没有立足之地。孔子说："巧言令色，鲜矣仁！"曾子也说过："胁肩谄笑，病于夏田。"可他同时又说，善言可避灾祸。更令人不解的是，孔子和孟子竟然也有这样的观点，就是"大人者，言不必行，行不必果，维义所在"，也就是说为了适应社会而生存就必须虚伪一下。

其实，朋友之间只有心地坦诚地交流，才能成为知心的朋友。要是朋友之间总是这么你来我往如宾客一般，彼此虚伪，那倒不如不交往。或许有的人平时说话有点冲，不讨人喜欢，如果你真碰到了这种人，反而应该觉得庆幸，因为你遇到了敢说真话的人，他已经把你当朋友了。

虚伪不仅是一个人的心理问题，更是一个社会问题。假如人人都很虚伪，那么我们的社会并不是一个健康文明的社会。一个人有虚伪之心并不可怕，重要的是如何去对待这颗虚伪的心，逃避、顺其自然都无济于事，必须主动去攻克、消灭它，这样你的人格会得到纯洁和提升。

虚伪让人沉沦，真实令人振作。沉湎在虚伪中的生命是浑浑噩噩的，而真实的生命或许短暂，但会像流星一样留下璀璨的生命轨迹。爱情亦然，虚伪的爱情只能在安逸的生活中苟且偷安，一旦不幸降临便会飞鸟各投林，曲终人散；而真实的爱情即使在异常艰难的生活中仍然相亲相爱、相互支撑，擎起一片亮丽的天空。

台湾著名作家李敖有一句自勉的名言："宁做真小人，不做伪君子。"姑且不论这个论断的对与错，单纯从人的角度来说，无论是做"真小人"还是"伪君子"都是不容易的。就说这"伪君子"吧，首先要具有精湛的演技，善于伪装，人前说人话，鬼前说鬼话；其次，多少要有一些君子的气质和风范，二者缺一不可。有些人无论怎么伪装怎么掩饰，也始终成不了"君子"或者"伪君子"。伪君子尽管华贵光彩，但是因为在这种人身上没有一丝一毫的君子气质，就好比一只猴子，穿上人的衣服，无论衣服多好看也始终是一只猴子，永远也不会变成人。所以说，做人还是活得真实一点好。

表现真实的自己

2000 多年前希腊大哲学家苏格拉底曾说"做真实的自己"，这句话就是说做人要诚实，不虚伪，要内心中的自己，在说话方面更是如此。在和他人的交谈中，我们只有表现出真实的自己，才会得到对方的认同和真诚，很多时候，这还会给我们的人生带来机遇和成功。

美国一些大公司在招聘销售人员的时候，总会问这样一对于这个简单的问题："你为什么要做销售人员？"大部分的应聘者会回答"我喜欢这个有挑战性的工作"、"为了实现自己的梦想"等，然而做出这样回答的应聘者一般是不会被录取的。相反，如果应聘者说"为了赚钱"，招聘者反而会露出满意的笑容，祝贺他被录用。

说"为了赚钱"似乎有点低俗，但为什么被录用了呢？这是因为从这个回答中，招聘者能够看到应聘者所拥有的一颗真实的心。拿破仑曾说："不想当将军的士兵不是好士兵。"这句话套用到销售人员身上，就可以这样说："不想赚大钱的销售人员不能成为一个顶尖的销售人员。"事实也确实如此，一个不想赚大钱的销售人员一般都不能创造良好的业绩。

在这个复杂的社会当中，很多人都工于心计，往往将自己掩藏得很深，而且对人往往也不会真正的坦诚。同时我们也看到，这样的人往往也很难得到他人的信任。如果我们想让别人感受到自己的真实和坦诚，首先就要有一颗坦诚的心和一份率真的性情。

不管什么时候，当你在虚伪时，都不要觉得对方感觉不出你说的是违心话，千万不要低估了对方的智商，也千万不要以为你的虚伪会做得天衣无缝，谎言掩盖不了虚伪，内心的想法是会在不自觉中流露出来的。

人际交往，我们通过说话表现真实的自己，不仅仅会给自己带了一些机遇，而且还会让我们赢得他人的赞同和欣赏。当然，要想恰当地表现出真实的自己，还需要在各种环境中懂得放松，因为一个人只有在放松的情况下，才能展示出最真实的自己。人无完人，每个人都会有一些小小的缺憾，这些缺憾并不可怕，可怕的是不敢去面对缺憾的那份怯懦，我们要学会面对不完美的自己，做最真实的自己。

处世智慧

◇智慧出，有大伪。

◇巧言令色，鲜矣仁！

◇做真实的自己。

做厚道之人，厚德能载物

【聊天实录】

我：夫子，当今社会都在呼吁诚信，对于做人而言，更是要讲究诚信。对此，您怎么看？

老子：对于你所说的真诚处世的原则，我在《道德经》第三十八章中曾经提到：是以大丈夫处其厚，不居其薄，处其实，不居其华。

我：夫子，您能详细地得释一下这句话的意思吗？

老子：好的，这句话的意思就是：堂堂正正的士子总是持守质朴醇厚之"道"，而绝不实行虚华无用之"礼"；他的居处行为总是那么忠厚朴实，而摒弃那些浮华浅薄之事。

我：夫子，您的意思是说为人处事要心存厚道，对待他人不在礼数上亏欠别人；日常生活中应该尽量简单朴实，不应铺张浪费，爱慕虚荣，对吗？

老子：你说得很对，为人处世应该忠厚朴实，这样才能给人真诚的感觉。

【真诚处世解读】　　商鞅害人终害己

秦魏两国军队摆开阵势以后，商鞅派人给魏国领兵的将领公子卬送上一封信，信上假惺惺地说："我和您是老朋友，现如今是敌对的两国将领，我不得不接受秦王的委派带兵前来攻打您。我很想和您见上一面，签订个盟约，大家高高兴兴地喝一杯，然后领兵回营，使秦魏两国都相安无事，不是很好吗？"商鞅本来就是公子卬的老朋友，信上又把主动请命领兵伐魏说成是"秦王令我领兵伐魏"，似乎是不得已而为之，谎话说得那么不脸红，也就很有欺骗性。难怪魏公子卬不听军吏劝阻，应邀与商鞅相见。没有想到，会盟之后，正在尽情饮酒之际，早已埋伏下的全副武装的刀斧手突然出现在席间，公子卬还没有清醒过来，便当了俘虏，成了阶下囚。

商鞅虽因俘虏公子卬、大破魏军、割河西之地而名利双收，得到商、於十五邑的封地，戴上"商君"的桂冠，然而这胜利的花环却掩盖不了他灵魂的丑恶、为人的卑劣。与庞涓一样，商鞅也无法逃脱道德的惩罚，无法改变"恶有恶报"的戒律。等他的支持者秦孝公死后，不得不离秦去魏。魏人怨恨商鞅欺诈公子卬而使魏国损兵折将、割地，而不肯接纳他，并愤愤地将其押送回秦国。秦国杀了他之后还不解恨，又"车裂"，并灭其族。

一个人总是玩弄权术、机关算尽，只能得利于一时，最终还是搬起石头砸自己的脚。看来，做人要厚道，坦荡一点好。人生在世，要干一番事业，就无法回避与人的竞争。而竞争应当靠真本事，才能使自己立于不败之地。那种靠诈骗与人周旋的人，早晚会露馅儿，为人们所唾弃。

不知什么时候"做人要厚道"这句话开始流行起来了。翻阅老子的智慧我们发现了这样一句体现这一思想的话："大丈夫处其厚，不居其薄；处其实，不居其华，故去彼取此。"由此看来，先哲老子在很早的时候就已经很推崇这种"做人要厚道"的思想了。

其实，厚道不外乎"忠厚之道"，它包含了诚实、善良、豁达、感恩、直率、助人为乐、爱憎分明等品质，浓缩了几千年来人类的精神美。而对天性追求真善美的人类来讲，没有谁愿意拒绝厚道。

我们之所以强调厚道为人，是因为现实生活中还存在着许多有失厚道的地方，极大地妨碍着人际关系的和谐与团结。有人有理不让人，无理搅三分，动辄小题大做，针尖对麦芒；有人论人单论短，不首先看人家长处，见人家有什么毛病就抓住不放；有人计恩怨翻小账，谁有意无意对自己有所得罪，便十年八年耿耿于怀；还有些人，眼里容不得意见不同的人，横竖看不惯，常有指责挖苦之言，等等。对人对事多有刻薄，少有宽厚，往往弄得亲友红脸，同事反目，让旁观者也都觉得过分。

厚道对于人，可以说是立身之本。古语云："君子不可苛察。"诗人萨迪也说过："无论你是一个男子，还是一个女子，待人温和宽大才配得上人的名称。"可见，在为人要厚道这一点上，古今所见略同，没有教人要刻薄的。

老子很重视人的厚道，老子认为"道之华"为"愚之始"，即高尚的道德是纯真朴实的，如偏于奢华，则是愚昧的开端。他还说："善者，吾善之；不善者，吾亦善之。"为人要仁慈大度，多为他人着想，对诚实上进者抱以激励之心，对消极后进者亦给予关怀和帮助，以诚信之心去感染转化他人，从而创造出一种同心同德的群体气氛。"修之身，其德乃真；修之家，其德乃余；修之乡，其德乃长；修之国，其德乃丰；修之天下，其德乃普。"即修德养性之最终之日不仅要用于自身，而且可用于社会、国家，要让品德的光芒普照人间。

为人要诚朴，就是要诚心诚意，朴实无华，以诚相待。"诚朴"还要求人有独立人格，得势时不要霸道，不要仗势欺人，失意时不要媚俗，不要趋炎附势。"诚"是个人和社会一切道德准则与行为规范的基础，如果个人与社会都不讲究"诚"，那么任何道德准则与行为规范都会成为无源之水、无本之木，个人信誉乃至整个社会的基础就会动摇。

朴实无华的季羡林

我国著名的大学者，做过北大的副校长，被人们称为"布衣教授"的季羡林老先生，是一个一辈子朴实无华的人。据说有一次新生报到，一个外地来的学生，看到一个像学校工友样子的老人，就请他为自己照管一下行李，而他自己去报到了。结果去了很久，当他回来的时候，那个老人还在那里为他看管着行李。后来他知道，这位老人就是季羡林先生，他就是这么朴实无华的人。他老穿一身蓝色卡其布中山装。就在几年前，他还像农民一样，在燕园的池塘里撒点洪湖的莲子，生出荷花来，被称为"季荷"。他把自己住的房子叫作"抱朴居"，他的"抱朴居"里，家具朴实无华，书桌、书架都是老式的普通家具，他的感情也是见素抱朴、朴实无华的。

我们要做厚道人，人心不厚得不到道义情谊。与厚道人相处不需心存防范，无须尔虞我诈，人与人之间平静、安详，带来的是人与人之间的小同，实现的是社会的大同与和谐。心存厚道，也就是告诉我们要待人诚恳，内心要朴实无华。在人际关系中要处在朴实、笃实、老实中，而不要"居其华"，也就是不要居处在虚华、浮华、繁华中。

"做人要厚道"，这是对人们为人处事的一贯要求。但是，社会上在褒扬做人厚道的同时，有些人却又对厚道人以片面的认识，有的甚至视厚道为懦弱、愚钝、无用、傻冒、老好人，赞许中流露出不屑，谈论中夹杂着嘲讽。其实，厚道是一个人的道德品行、文化知识、社会阅历、工作经验、能力、水平等综合素质的集中表现，是经得起各种考验的高尚品格，是充满内涵的教养，是多年诚心修行累积所达到的境界。

做人要厚道是指心态而不是指形式。土地不厚，承载不了山川海岳；人心不厚，得不到道义情谊。厚道是以心换心，以情换情；厚道是以德报怨，以善报恶。厚道是人性中的真善美，心存厚道了，必然内心是质朴的。

做人要坦诚、厚道，就是对待别人以心换心，以情换情，千万不要做一个损人利己、把自己的快乐建立在别人痛苦之上的冷血人。那样，不但不会得到别人的尊重，而且往往会受到别人的唾骂，为人所不齿。

处世智慧

◇是以大丈夫处其厚，不居其薄，处其实，不居其华。

◇君子不可苛察。

◇土地不厚，承载不了山川海岳；人心不厚，得不到道义情谊。厚道是以心换心。

无诚则无友，无信则无以立业

【聊天实录】

我：夫子，人们常说，做人要有诚信，这样自己在社会上才会有立足之地。对此，您怎么看？

老子：针对你所说的，我在《道德经》第四十九章中曾经提到：信者，吾信之；不信者，吾亦信之，德信。

我：夫子，这句话应该怎样去理解呢？您能解释解释吗？

老子：好的，这句话的意思就是对于守信的人，我信任他；对不守信的人，我也信任他，这样可以得到诚信了，从而使人人守信。

我：夫子，您的意思是说做人之本，除了守德之外，还应当以诚信为至上。以诚信待人，是成大事者的基本做人准则。无论你是谁，做人做事，都应讲"诚信"二字，对吗？

老子：你说得很对，一个人在社会上生存，无诚则无友，无信则无以立业。

【真诚处世解读】　　　　❧　**卖火柴的男孩**　❧

18世纪英国的一位有钱的绅士，一天深夜走在回家的路上，被一个蓬头垢面、衣衫褴褛的小男孩儿拦住了。"先生，请您买一包火柴吧。"小男孩儿说道。"我不买。"绅士回答说，同时躲开男孩儿继续走。"先生，请您买一包吧，我今天还什么东西都没有吃呢！"小男孩儿追上来说。绅士看到躲不开小男孩儿，便说："可是我没有零钱呀！""先生，您先拿上火柴，我去给您换零钱。"说完小男孩儿拿着绅士给的一个英镑快步跑开了，绅士等了很久，小男孩儿仍然没有回来，绅士无奈地回家了。

第二天，绅士正在自己的办公室工作，仆人说来了一个男孩儿要求面见绅士。于是男孩儿被叫了进来。这个男孩儿比卖火柴的男孩儿矮了一些，穿得更破烂。"先生，对不起了，我的哥哥让我给您把零钱送来了。""你的哥哥呢？"绅士道。"我的哥哥在换完零钱回来找你的路上被马车撞成重伤了，在家躺着呢。"绅士深深地被小男孩儿的诚信所感动了。"走！我们去看你的哥哥！"他们去了男孩儿的家。一见绅士，男孩连忙说："对不起，我没有给您按时把零钱送回去，失信了！"绅士却被男孩的诚信深深打动了。当他了解到两个男孩儿的亲生父母都双亡时，毅然决定把他们生活所需要的一切都承担起来。

人生处世"诚"是一个人的根本。待人以诚，就是信义为要。精诚所至，金石为开，诚能感化万物，也就是所谓的"心诚则灵"。相反心不诚则不灵，行则不通，事则不成。一个心灵丑恶，虚伪的人根本无法取得人们的信任。

诚信是人本身素质的一种体现，是每个人生活事业中的垫脚石，它对自己有百利而无一害。有谁愿意抛弃诚信，与自己的前途未来过不去？诚信，犹如一袭华丽的晚装，衬托出你高贵的气质，伴着这晚装，无论身在何处，你都会在人群中脱颖而出。

明代诗人朱舜水说："倏身处世，一诚之处更无余事。故曰'君子诚之为贵'，自天子至于庶人，未有舍诚而能行事也，今人奈何欺世盗名矜得计哉？"所以，诚是人之所守，事之所本。只有做到内心诚而无欺的人，才是能自信、信人并取信于人的人。假如你要大事业，就要做到诚挚待人、光明坦荡、宽人严己、严守信义。只有这样，才能赢得他人的信赖和支持，从而为事业发展打下良好的基础。

阎敞言而有信

阎敞与第五常是知心的朋友，两人常在一起谈古说今，对管仲与鲍叔、俞伯牙与钟子期的友谊尤为钦佩。

后来，第五常突然接到皇帝的诏书，要他火速进京。第五常携带家眷匆忙上路，临行时，他把一百三十万贯钱交给阎敞，请他代为保存。

阎敞送第五常至十里长亭，洒泪而别，回家后，他便把钱封好，放在安全的地方。

冬去春来，十多年过去了，不仅未见第五常来取钱，连个音信也没有。

一天，忽然来了一位青年人求见，青年人自称是第五常的孙子，阎敞喜出望外，赶忙请他进来。

一见面，阎敞就看出这个青年人是第五常的后代，不但模样长得像，举止也与阎敞也十分相似。

阎敞急忙打听第五常的消息，那位青年泪流满面，随后就向阎敞叙说了家中

发生的变故。

原来，第五常一家人进京后，就染上了瘟疫，一家人陆续死去，只剩下一个九岁的孙子。第五常临终前把孙子叫到面前，对他说："我有一个好友叫阎敞，你可以去投奔他，我有三十万贯钱在他那里。"

第五常的孙子当时年龄尚小，又要在京城读书，所以没有来，现在，学业已成，年龄大了，便来认世交并想把钱取走。

听说老友病故，阎敞十分悲痛，幸喜第五常后继有人，便留第五常的孙子住了几日。

第五常的孙子临走时，阎敞把存放的钱拿出来，一封一封，还是原样，一数，有一百三十万贯之多。

第五常的孙子忙问："我祖父临终时说只有三十万贯，怎么多出一百万贯？"

阎敞说："这钱确是你祖父当年交给老朽收藏的原物，至于他说的数目不对，或许是病重神志恍惚，也未可知，你就不必怀疑了。"

第五常的孙子见阎敞如此诚实守信，又是佩服，又是感动，一时连话也说不出来了。

阎敞的确是第五常名副其实的知心朋友，他对朋友的托付尽心尽意，即使是在重金面前，也丝毫没有贪婪之心。要是第五常在九泉之下有知，他也会为有这样的一位知心朋友而欣慰。

孔子说："与朋友交，言而有信。"对朋友托付的事，能尽心竭力办好；对朋友承诺的事，能想方设法完成。在朋友交往中，诚实是相互信赖和友好交往的基础。"腹心相照，谓之知心。"知心朋友和牢固的友情是通过真诚相处而获得的，只有诚实对待对方，才能赢得对方的信赖，才会使友谊长存。

英国专门研究社会关系的卡斯利博士说：大多数人选择朋友是以对方是否出于真诚而决定的。他说有一个富翁为了测验别人对他是否真诚，就伪装患病而住进医院，测试的结果，富翁却感到非常沮丧，没有一个人前来探望。相互间不讲诚信的朋友不是真正的朋友，真正的朋友是另一个自己。要成为另一个自己，彼此之间的心必须是透明的，要以诚信相待，以诚信相处。

与人交往，对于自己不了解的人，有所保留无可厚非，但对于自己了解的人，自己的亲人、自己的同事、自己的合作伙伴，则应该心怀坦荡，真诚待人。记得在一本书中看到过这么一段话："你要想让对方把你当朋友看待，你自己就先要把他当朋友看待；你要想让对方对你有一见如故的感觉，你自己就先要对他有一见如故的态度。"

要想让对方对你诚信不欺，你自己就先要对他人诚信不欺。正如马克思所说："只能用爱来交换爱，只能用信任来交换信任……如果你想感化别人，那你就必须是一个实际上能鼓舞和推动别人前进的人。"

处世智慧

◇信者，吾信之；不信者，吾亦信之，德信。

◇精诚所至，金石为开。

◇与朋友交，言而有信。

诚实守信，务实无虚

【聊天实录】

我：夫子，人们常说，一诺千金，意思是说做人要诚实守信，对此，您怎么看？

老子：对于你所说的这点，我在《道德经》第十七章中曾经提到：信不足焉，有不信焉。意思就是说，若是诚信不足，才会有不被信任的事情发生。

我：夫子，您的意思是说为人，一要学会做人，二是学会做事。无

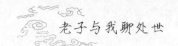

论是做人还是做事，都要做到诚实守信，务实务虚，对吗？

老子：你说得很对，一个人只有谨守诚信，才能交到更多的朋友，赢得更多的信赖，人生之路也会因此更加顺畅。

【真诚处世解读】 季布一诺千金

东汉的许慎在他所著的《说文解字》中说"诚，信也"，又说"信，诚也"。由此可见，"诚"和"信"，无论是单独使用还是相连使用，在古代都是同一个意思，诚实守信无论是在古代还是现代，都具有十分重要的意义。"言出必行"、"一诺千金"、"诚实不欺"，一直被公认为为人处世的基本准则。

西汉初年有一个叫季布的人，他曾经是项羽的部将，很会打仗。他为人正直，乐于助人，特别讲信义。只要是他答应过的事，无论有多么困难，他都会想方设法办到。在后来的战争中，他几次把刘邦打败，弄得刘邦很狼狈。后来，项羽被围自杀，刘邦夺取天下，当上了皇帝。刘邦每想起败在季布手下的事，就十分生气，愤怒之下，刘邦下令缉拿季布。

幸好有个姓周的人得到了这个消息，秘密地将季布送到鲁地一户姓朱的人家。朱家是关东一霸，素以"仁侠"闻名。此人很欣赏季布的侠义行为，尽力将季布保护起来。不仅如此，还专程到洛阳去找汝阴侯夏侯婴，请他解救季布。

夏侯婴从小与刘邦很亲近，后来跟刘邦起兵，转战各地，为刘邦建立汉王朝立下了汗马功劳。他很同情季布的不幸处境，在刘邦面前为季布说情，终于使刘邦赦免了季布，还封他为郎中，不久，又任命他为河东太守。

当时，楚地有个名叫曹丘生的人，能言善辩，专爱结交权贵。季布和这个人是同乡，很瞧不起他，并在一些朋友面前表示过厌恶之意。曹丘生听说季布又做了大官，一心想巴结他，特地请求国戚窦长君写一封信给季布，介绍自己给季布认识。窦长君早就知道季布对曹丘生印象不好，劝他不要去见季布，免得惹出是非来，但曹丘生坚持要窦长君介绍。窦长君无奈，只好勉强写了一封推荐信，派人送到季布那里。

季布读了信后，很不高兴，准备等曹丘生来时，当面教训教训他。过了几天，曹丘生果然登门拜访。季布一见曹丘生，就面露厌恶之情。曹丘生对此毫不在乎，先恭恭敬敬地向季布施礼，然后慢条斯理地说："我们楚地有句俗语，叫作'得黄金百两，不如得季布一诺'。您是怎样得到这么高的声誉的呢？您和我都是楚人，如今我在各处宣扬您的好名声，这难道不好吗？您又何必不愿见我呢？"

季布觉得曹丘生说得很有道理，于是不再讨厌他，并热情款待他，留他在府里住了几个月，临走时，季布还送他许多礼物。曹丘生确实也照自己说过的那样去做，每到一地，就宣扬季布如何礼贤下士、如何仗义疏财。就这样，季布的名声越来越大。后人用"一诺千金"来形容一个人很讲信用，说话算数。

诚实守信，在社会交往中有着十分重要的作用。一个人说话实实在在，说到做到，就会使人产生信任感，愿意同他交往合作。相反，轻诺寡信，一而再地自食其言，必然引起人们的猜疑和不满。只有彼此守信，友谊才会持久。老子的"信不足焉，有不信焉"智慧，仍然是现代人立足的法宝。

季札墓前挂剑

我国著名的翻译家傅雷先生曾说过一段质朴的话，他说："我一生做事，总是第一坦白，第二坦白，第三还是坦白。绕圈子，躲躲闪闪，反易叫人疑心。你要手段，倒不如光明正大，实话实说。只要态度诚恳、谦卑、恭敬，无论如何人家不会对你怎么的。"傅雷先生的话应该是他人生经验的总结。

孔子说"民无信不立"；文子说："同言而行信，信在言前；同令而行诚，诚在令后。"魏征说："言而不行，言无信也；令而不从，令无诚也。不信之言，无诚之令，为上则败德，为下则危身。"

言而有信成为古时人们相互交往的主要道德标准，成为衡量一个人是君子还是小人的重要标准。言而有信的人被人称为君子，如季札。季札是春秋时代吴国人。他诚实守信，博学多才，深受人们喜爱。

一次，季札奉命出使列国，当他途经徐国时，受到了徐国国君徐君的热情款待。两人一见如故，谈得十分投机。谈话中，季札发现徐君的目光不时投放到自己随身佩戴的宝剑上，就解下宝剑，让徐君仔细观看。

季札佩带的宝剑不同寻常，整个剑鞘由金玉镶嵌而成，宝剑上雕刻有栩栩如生的龙凤图案。当季札将宝剑从剑鞘中抽出来时，只见寒光闪闪，徐君不由得连称"好剑！好剑！真是一把好剑"！季札见徐君这么喜欢这把宝剑，很想把剑送给徐君作为纪念物。但这把宝剑是自己作为国家使节的信物，出使列国必须佩带着它，自己出使的任务还没有完成，自然不能把它赠予他人。

徐君虽然深爱这把宝剑，但他知道季札的难处，所以也没有向季札开口。几天之后，季札离开了徐国。临行前，徐君送给了季札许多自己珍藏的宝物，让他留作纪念。望着难舍难分的徐君，季札在心里说："徐君，等我出使归来，我一定将这把宝剑送给你。"

数月之后，季札出使归来，又来到了徐国。他一到徐国，就立即去见徐君，但他却得到了一个不幸的消息：徐君在不久前已经离开了人世。

季札痛苦地来到了郊外徐君的墓地，他含泪站在徐君的坟前，用低缓的声音说道："徐君，我来迟了，请您收下这份迟到的礼物吧！"说着，就解下宝剑，将它悬挂在墓前的松树上，并吩咐守墓的人好好守护这把宝剑。站在季札身边的随从，对季札的行为有些不解便问："徐君已经不在了，您为什么还要将这把宝剑挂在这儿呢？"

季札对他说："我在心里早已许下诺言，要在回国时将这把宝剑赠予徐君。现在徐君虽然离开了人世，但我必须要信守诺。"季札挂剑的事情传开之后，人们无不敬佩他的诚实守信的品德。

诚信，是为人处世的最宝贵的品质之一。以诚立身，虽然有可能在某些情况下会吃亏甚至会得罪某些人，但从长久来看，必然会得到人们的信赖与尊敬。因此，要想成就一番大事业就应当讲求信义，否则，失去了信用，就有可能寸步难行。

现代社会中，许多年轻人多了几分轻狂和世故，而少了几分成熟和诚信，其实无论在什么时代，踏踏实实做人，老老实实做事，诚实为本，才是一个人取得成功的关键。通向成功的路上没有捷径可寻，这是亘古不变的真理。

处世智慧

◇信不足焉，有不信焉。

◇得黄金百两，不如得季布一诺。

◇言而不行，言无信也；令而不从，令无诚也。不信之言，无诚之令，为上则败德，为下则危身。

真诚待人给自己留余地

【聊天实录】

我：夫子，真诚待人，真诚处世，这是很多人都遵循的处世原则。而真诚也会给人带来很多好处。对此，您怎么看？

老子：关于你所说的在《道德经》第四十章中，我曾经提到：上德若谷，大白若辱，广德若不足，建德若偷。意思就是说，上德的人虚怀若谷，在大庭广众之下却看似卑微。广德的人总是表现出好像德行还有不足的谦虚，建德者做了仁德之事后绝对不会四处张扬。

我：夫子，您的意思是说，一个人在为人处世中能够真诚待人，也会给自己带来很多的机遇，有时候甚至会给自己留下余地，这样理解对吗？

老子：你说得很对，真诚待人有着很多意想不到的结果。做到真诚，这点非常重要。

【真诚处世解读】 红顶商人胡雪岩

清朝时，胡雪岩与王有龄、张胖子一道赶往上海，为海运局上一任留下的运粮问题费尽周折。胡雪岩与张胖子经过一番努力，与松江镕帮老大尤五达成协议，先由松江漕帮在上海的通裕米行垫付十几万石大米，以解浙江海运漕米难运之困，待下一步浙江漕米运到上海，再以等量大米归还松江漕帮。当时的漕帮正处于内外人都在谈漕运改为海运之际，漕帮外在力量雄厚，根深蒂固，派头、场地都过得去，但作为龙头老大，心中自有一本难念的经。整个漕帮自乾隆年间开始一直借债度日，当时漕帮有一批粮想卖掉，换些现银，让众位下属心里有个安慰。但胡雪岩借米，还的仍然是米，而非现银。时下钱很紧张，但作为胡雪岩这位生客，而且又是师傅魏老太爷看重的人，实在不好意思说出自己的难处。

其实，胡雪岩早知道漕帮定有难处，他心中盘算着，做人总要为人设想，于是诚恳地请尤五说出自己的难处，有事大家一起商量。一番诚恳的心意表白出来，尤五心中对胡雪岩有了一个较好的印象。

后来，尤五终于将自己"当家人"的许多难处说了出来，帮里的亏空要弥补倒还在其次，眼看漕米一改海运，使得江苏漕帮的处境异常艰苦，无漕可运，收入大减，帮里弟兄的生计要设计维持，还要设法活动撤销海运，恢复河运，各处打点托情，哪里不要大把银子花出去？这十几万石大米由于借给胡雪岩，不仅没有银款入账，将来还的还是大米。虽说以后浙江海运局还米过来正值五六月份青黄不接，可以赚一笔差价，但与自己这方面脱价求现的宗旨完全不符。胡雪岩了解此情况，当即要求张胖子开一张十万两银子的银票，即借十万银子给尤五渡难关。当时由于漕运改海运，许多钱庄都去巴结沙船帮，不敢敦贷，怕担风险。尤老五一来怕失面子，二来自己也想争口气，所以抱定"求人不如求己"的宗旨，不向钱庄借款，只求尽早脱货求现。

这样一来，尤老五释然了，非常欣慰，向胡雪岩连连拱手说："好极了，好极了！这样一做，面面俱到。说实在的，倒是岩叔帮我们的忙了，不然，我们脱货求现，一时还不太容易。"胡雪岩也相当高兴，这件事做得实在太顺利了。当晚宾主双方尽醉极欢，商量好的事情一切都等第二天见面到上海办理。

第二天，胡雪岩将与尤老五商量好的事情向王有龄说了一下，王有龄也觉得欣慰，事情办得这么顺利倒真有点出乎意料。忽然，王有龄像想起了什么，若有所思的，两眼望空，脸上的表情很奇怪，倒叫胡雪岩有些猜不透。一问之下才知王有龄忽然有了主意，原来王有龄素知粮价在青黄不接又加兵荒战乱年代一定会猛涨，于是放低声音对胡雪岩说："我有个主意，你看行不行？与其叫别人赚，不如我们自己赚。好不好跟张胖子商量一下，借一笔款子来，买了通裕的米先交兑，浙江的那批漕米，我们自己囤着，等价钱好再卖。"

胡雪岩正色说："主意倒是好主意，不过我们做不得，江湖上做事，说一句算一句，答应了漕帮的事，不能反悔，不然叫人看不起，以后就吃不开了。"听胡雪岩这么一说，王有龄也十分信服，立刻舍弃了自己的"好主意"。

胡雪岩的这句"说一句算一句"，为他赢得了一个生意场上的好朋友，尤五后来对胡雪岩的生意帮助非常之大。胡雪岩的丝业、粮食运输、军火贩卖等无一不是承靠尤五的优先考虑，才做得那么顺利，更何况尤五身为漕帮老大，为胡雪岩提供了许多有价值的商业信息。

这种重承诺的作风最适宜于在小范围的朋友圈里树起自己的威信。试想，如果当时胡雪岩按王有龄所说的主意去办，不仅会被江湖上的朋友看不起，恐怕也会被张胖子以及其他下属人员暗中看不起，威信就会大打折扣，让人觉得胡雪岩仅仅是一个唯利是图的小奸商而已。

讲信用是一个人的"修身之本"，也是取信他人的必由之路。作为谋略，言而有信是树立良好形象、维持良好人际关系、巩固和维护个人威信的一剂良药。爱默生说："诚信的人必须对自己守信，他的最后靠山就是真诚。"真诚是人与人交往的试金石，如果我们想得到别人的信任，首先就要先付出自己的真诚，哪怕只是平淡的一句话、细小的一个动作，也许日后就会得到别人成倍的回报。

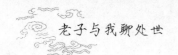

真诚是人际关系的法宝

诚实是做人之本，而真诚是一种美德，诚实待人可获得好人缘；真诚是一种胸怀，利益面前，坦诚相待；真诚是一种境界，它需要有勇气去面对自己的错误。真诚的人容易受到机会的青睐，而这些机会可能正是你身边那些受过你真诚相待的朋友给你创造出来的。只有真诚待人，才能获得别人的尊重和信任，在复杂的人际交往中立于不败之地。

美国道格拉斯飞机制造公司为了把一批喷气客机卖给东方航空公司，创始人唐纳·道格拉斯本人专程去拜访东方航空公司的总裁艾迪·利贝克。利贝克告诉他说，道格拉斯公司生产的新型DC-3飞机和波音707飞机是两个竞争对手，但均有一个共同的毛病，那就是喷气发动机的噪声太大，并表示愿意给道格拉斯公司一个机会，如能在减小噪声方面胜过波音公司，就可以考虑与其签订合同。

当时这件事对道格拉斯公司来说，是一桩重要的买卖，但是，道格拉斯回去与他的工程师商量后，认真地答复说："老实说，我想我们没有办法去实现你的这一要求。"利贝克说："我想也是这样的，我这样做的目的，只是想知道你们是否诚实。"由于道格拉斯的诚实打动了利贝克，赢得了他的信任，他终于听到了一直期待的好消息："你将获得16500万美元的合同，现在，去看看你如何将那些发动机的噪声控制到最小的程度。"

真诚是一种智慧，它能促进人与人之间的尊重和信任，为个人的发展打下坚实的基础。真诚是心胸开阔和充满自信的表现，是争取谅解、赢得人心和反败为胜的好办法。做到真诚坦白会赢得别人的信任，但这还只是针对客观事物的态度，如果能够进一步地从主观感情出发，真正做到真情流露，用自己的激情感染他人，或者用自己的感情打动他人，那么，不但会得到他人的信任，而且会真正与他人建立起沟通心灵的桥梁。

一个人想做成一件事，如果没有更多的条件可以依靠，但只要有诚实，就能把事情做成。真诚是人际关系的法宝，要做到真诚，不能只在外表上用功夫。只有内心真诚，对方才能体会到你的诚意，才能被你的真诚打动。要做一个真诚的人，切忌平时欺骗他人。欺骗也许能得一时之利，却不能维持长久。无论如何变通，做人还是要从真诚做人开始的。诚实是做人的起点，也是做人的归宿。我们只有在人际交往和谈话中牢记这一法宝，并且用好这一法宝，就一定能够让自己无往而不胜。

处 世 智 慧

◇说一句算一句。

◇真诚是一种智慧，它能促进人与人之间的尊重和信任，为个人的发展打下坚实的基础。

◇诚信的人必须对自己守信，他的最后靠山就是真诚。

真诚地为他人叫好

【聊天实录】

我：夫子，我们常说，做人要讲究诚信，待人要真诚。生活中，当我们的对手赢得成功的时候，您认为我们应该怎样做呢？

老子：你说的这种情况是很常见的，对于这点，我在《道德经》第八章中曾经说到：与善仁，言善信。

我：夫子，您能就此解释解释这句话的意思吗？

老子：好的，这句话的意思就是待人真诚仁爱，说话善于讲究信用。

我：夫子，按照你所说的，当在生活中看到自己的对手成功的时候，我们也应该真诚地祝贺他，为他鼓掌，我这样理解对吗？

老子：你说得很对，真诚不仅仅是一种处世态度，还是一种胸怀和智慧。

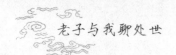

【真诚处世解读】 真诚的力量

诚信是做任何事情的首要条件，如果自己做不到就不要轻易承诺，承诺是极为慎重的事情，一个没有信用的人会失去整个世界。

真诚不是智慧，但是它常常放射出比智慧更诱人的光芒。有许多凭智慧千方百计也得不到的东西，通过真诚，却轻而易举就得到了，正所谓："阳气发处，金石亦透，精神一到，何事不可成？"

1754 年，美国独立以前，弗吉尼亚殖民地议会选举在亚历山大里亚举行，后来成为美国总统的乔治·华盛顿当时作为这里的驻军长官也参加了选举活动。

选举最后集中于两个候选人，大多数人都支持华盛顿推举的候选人，但有一名叫威廉·宾的人则坚决反对，为此，他同华盛顿发生了激烈的争吵。

争吵中，华盛顿失言说了一句冒犯对方的话，这无异于火上加油，脾气暴躁的威廉·宾怒不可遏，一拳把华盛顿打倒在地。

华盛顿的朋友围了上来，高声叫喊要揍威廉·宾。驻守在亚历山大里亚的华盛顿部下听说自己的司令官被辱，马上带枪赶了过来，气氛十分紧张。

在这种情况下，只要华盛顿一声令下，威廉·宾就会被打成肉泥，然而，华盛顿是一个头脑冷静的人，他只说了一句："这不关你们的事。"就这样，事态才没有扩大。

第二天，威廉·宾收到了华盛顿派人送来的一张便条，要他立即到当地的一家小酒店去。威廉·宾马上意识到，这一定是华盛顿约他决斗，于是，富有骑士精神的他毫不畏惧地拿了一把手枪，只身前往。

一路上，威廉·宾都在想如何对付身为上校的华盛顿，但当他到达那家小酒店时却大为意外：他见到了华盛顿的一张真诚的笑脸和一桌丰盛的酒菜。

"宾先生，"华盛顿热诚地说，"犯错误乃是人之常情，而纠正错误则是件光荣的事。我昨天是不对的，你在某种程度上也得到了满足。如果你认为到此可以和解的话，那么请握住我的手，让我们交个朋友吧。"

宾被华盛顿的宽容感动了，忙把手伸给华盛顿并说："华盛顿先生，也请你原谅我昨天的鲁莽与无礼。"

从此以后，威廉·宾成为华盛顿坚定的拥护者。

当华盛顿被打倒在地时，是很容易失去理智，做出一些悔恨终身的事的。况且他当时人多势众，如果他是一个不肯"吃眼前亏"的人，就会睚眦必报，严惩对手。可贵的是华盛顿能保持冷静，没有追究谁是谁非，而是以宽容的态度来解决问题，率先伸出了友谊之手，把一个仇人变成了忠诚的拥护者，真不愧具有领袖风范。

人的本质是讲求诚信的，诚信乃为人之本。人们对狡猾、奸诈、虚伪、伪善的做法本是十分反感的，都不愿意与这类人交往。莎士比亚的《麦克白》里有一句话："用最美妙的外表把人们的耳朵欺骗，奸诈的心必须罩上虚伪的笑脸。"人们通常对奸诈者阴暗的一面没有足够的估计，因为对方常以伪善的面孔出现，以微笑、以谦逊、以所谓的达观示人，他们的举动来得更为隐蔽，更为"温良"。奸诈者虽然能一时让人受骗受害，但最终自己也会为之付出代价。

❧ 真诚为对手叫好 ❧

亚历山大和大流士在伊萨斯展开激烈大战，大流士失败后逃走了。一个仆人想办法逃到大流士那里，大流士询问自己的母亲、妻子和孩子们是否活着，仆人回答说："他们都还活着，而且人们对他们的殷勤礼遇跟您在位时一模一样。"

大流士听完之后又问他的妻子是否仍忠贞于他，仆人的回答仍是肯定的。于是他又问亚历山大是否曾对她强施无礼，仆人先发誓，随后说："陛下，您的王后跟您离开时一样，亚历山大是最高尚和最能控制自己的英雄。"

大流士听完仆人这句话，双手合十，对着苍天祈祷说："啊！宙斯大王！您掌握着人世间帝王的兴衰大事。既然您把波斯和米地亚的主权交给了我，我祈求您，如果可能，就保佑这个主权天长地久。但是如果我不能继续在亚洲称王了，我祈祷您千万别把这个主权交给别人，只交给亚历山大，因为他的行为高尚无比，就连对敌人也不例外。"

当我们看到自己取得成功的时候总是兴奋不已，希望有人为自己鼓掌。可是当身边人，包括假想敌、对手取得成功的时候，我们该怎样去面对呢？是嫉妒还是欣赏？是大声叫好还是不屑一顾？尤其是平日与自己相处得很紧张、很不快乐的人成功了，这时候，我们为他鼓掌，会化解对方对自己的不满和成见，改变他对自己的态度，打开两人之间的死结。

为别人付出困难，为对手付出更困难。付出既有物质上的，也有精神上的。当别人有困难的时候，我们的一句鼓励话就是给予，当别人成功的时候，我们的掌声就是礼物。一些同行冤家和竞争对手，多采取的是阴险的手段——打击报复，而不知道如何化敌为友。想把对手变成朋友，就要舍得为他付出：对方陷入困境的时候，我们要保持冷静，不能见机踹他一脚；当我们成功的时候，不要在对方面前趾高气扬，应克制自己，不要流露出得意。

一位成功人士说："为竞争对手叫好，并不代表自己就是弱者。"为对手叫好，非但不会损伤自尊心，相反还会收获友谊与合作。为对手叫好是一种美德，我们付出了赞美，得到的是感激。为对手叫好是一种智慧，因为我们在欣赏他们的同时，也在不断提升和完善自我；为对手叫好是一种修养，为对手赞美的过程，也是自己矫正自私与妒忌心理，从而培养大家风范的过程。

美德、智慧、修养，是我们处世的资本。为对手叫好，是一种谋略，能做到放低姿态为对手叫好的人，在做人做事上就一定会成功。

处世智慧

◇与善仁，言善信。

◇用最美妙的外表把人们的耳朵欺骗，奸诈的心必须罩上虚伪的笑脸。

◇为竞争对手叫好，并不代表自己就是弱者。

轻诺必寡信，多易必多难

【聊天实录】

我：夫子，我们为人处世，要讲究信用，自己许下的诺言一定要做到。然而，生活中也有很多人轻易许诺并且多失信于人。面对这样的人，我们应该怎样看待呢？

老子：对于你所说的我在《道德经》第六十三章中曾经说到：夫轻诺必寡信，多易必多难。是以圣人犹难之，故终无难矣。

我：夫子，您能将做人和这句话结合起来解释一下吗？

老子：好的，这句话用你们 21 世世的话来说的意思就是：那些轻易发出诺言的，必定很少能够兑现的，把事情看得太容易，势必遭受很多困难。有道的圣人总是看重困难，所以就终于没有困难了。

我：夫子，您的意思是说，如果一个人轻易许诺，往往就没有诚信，对吗？

老子：你说得很对，而对轻易许诺的人，我们一定不要轻信于他。

【真诚处世解读】　　　　**朱晖遵守诺言**

老子的大智慧，对于人性有深刻的洞察，所以他一针见血地指出，轻易许诺的人必定信用不足。老子说这话的目的一方面是告诫我们不要上花言巧语的骗子的当，更重要的是让我们守信用、重诺言，不做言而无信的轻薄之徒。

自古以来，中国人都十分注重讲信用、守信义，诺言能否兑现往往是检验一个人是否守信的重要依据。清代顾炎武曾赋诗言志："生来一诺比黄金，哪肯风尘负此心。"表达了自己坚守诺言的处世态度和内在品格。可以说，中国人历来把守信作为为人处世、齐家治国的基本品质，主张言必行，行必果。守信是中华民族的优秀文化传统之一。

汉代朱晖在读书的时候，偶然结识了一位大官张堪，正好是他的同乡。张堪很看重他，但朱晖却因为自己只是一个太学生，不敢与他过往太密。有一次，张堪对朱晖说，你真是一个自己人，值得信赖，我愿意将身家子妻托付于你。朱晖因为张堪是一位德高望重的前辈，对这样的承诺不知道做什么反应，只是恭敬地拱手答应。

朱晖画像

后来，张堪死了，因为清廉，身后没有留下什么丰厚的遗产。朱晖其时早已与张堪不通音讯，但闻讯之后，感于张堪的知遇，千方百计地接济，甚至前去嘘寒问暖。朱晖的儿子对他说："我们以前并不曾听到你与张堪有什么厚交，但你为什么要这样善待他的家人？"朱晖回答说："张堪生前，曾对我有知己相托的约定，我当时已有备于心。做人不能欺骗别人，更不能欺骗自己。"

朱晖有一个同乡叫陈揖，两人也十分投契，可是陈揖早早地就去世了，留下了一个遗腹子陈友。朱晖在陈揖谢世后，尽一切力量帮陈揖尽做父亲的责任。有一次，南阳太守让朱晖的儿子去当僚属，朱晖却举荐陈友而换下了自己的儿子。

在人际交往中，如果真能主动帮助别人办点事，这种精神当然是可贵的，但是，办事要量力而行，说话要注意掌握分寸，因为诺言的能否兑现不仅有自己努力程度的问题，还有一个客观条件的因素。有些在正常情况下是可以办到的事，后来由于客观条件起了变化，一时办不到，这种情况是有的，这就要求我们在别人面前，不要轻率地许诺。有的事，明知办不到，就应向别人说清楚，要相信别人是通情达理的，是会原谅的，千万不要打肿脸充胖子，在别人面前逞能，轻率许诺。这样不但得不到友谊和信任，反而会失去朋友，所以我们千万不能轻许诺言，等到事情有了十足的把握再说也不迟。

轻易发出诺言的人，必定很少能够兑现的，把事情看得太容易，势必遭受很多困难。因此，有道的圣人总是看重困难，所以就终于没有困难了。在现实生活中讲信用，守诺言，是立身处世之道，是一种高尚的品质和情操，它既体现了对人的尊敬，也表现了对己的尊重。因此我们反对那种"言过其实"的许诺，也反对使人容易"寡信"的"轻诺"，更反对"言而无信"的丑行！

❧ 范式重诺守信 ❧

东汉时，汝南郡的张劭和山阳郡的范式同在京城洛阳读书，交情很深，学业结束他们分别的时候，张劭站在路口，望着天空的大雁说："今日一别，不知何年才能见面……"说着，流下泪来。范式拉着张劭的手，劝解说："兄弟，不要伤悲。两年后的秋天，我一定去你家拜望老人，同你聚会。"

落叶萧萧，篱菊怒放，转眼就到了两年后的秋天。张劭突然听见天空一声雁叫，牵动了情思，不由自言自语地说："他快来了。"说完赶紧回到屋里，对母亲说："父母，刚才我听见天空雁叫，范式快来了，我们准备准备吧！"他妈妈不相信，摇头叹息："傻孩子，山阳郡离这里千余里路，范式怎会来呢？"张劭说："范式为人正直、诚恳、极守信用，不会不来的。"老妈妈只好说："好好，他会来，我去备点酒。"其实，老人并不相信，只是怕儿子伤心，宽慰宽慰儿子而已。

约定的日期到了，范式果然风尘仆仆地赶来了。旧友重逢，亲热异常。老妈妈激动地站在一旁直抹眼泪，感叹地说："天下真有这么讲信用的朋友！"范式重信守诺的故事一直为后人传为佳话。

能履行自己诺言的人会受到敬重，轻易许诺又不能履行就会受到别人的鄙薄，给自己增加了许多精神负担。

人生在世，为人说话一定要真诚，更要遵守诺言。在经商中，和他人交往中诚信更加不可少，而在交流的过程中语言则是显得更加重要。有的时候，我们要想表达出自己的真诚，还可以从欣赏对方开始着手，但前提是你要有所了解，并且所说的也是真知灼见，只有这样，别人才能感受到你的真诚，而你不仅仅会收获成功，往往还会收获友谊和快乐。

诚信是人本身素质的一种体现，是每个人生活事业中的垫脚石，它对自己有百利而无一害，有谁愿意抛弃诚信，与自己的前途未来过不去呢？

处世智慧

◇生来一诺比黄金，哪肯风尘负此心。

◇诚信是人本身素质的一种体现，是每个人生活事业中的垫脚石。

◇轻易发出诺言的人，必定很少能够兑现的，把事情看得太容易，势必遭受很多困难。

后　记

　　"国学今用"系列丛书是我们组织十多位国学知识功底深厚、文学造诣极深且对社会学、心理学等学科综合研究方面有较高水平的专家、学者，经过近两年通宵达旦的辛苦创作、数易其稿而苦心经营出来的历史传记作品，本套图书共十本，每本十五万字，语言通俗流畅，内容精彩有趣，知识性和可读性极强，在此，我们对在本书创作中付出辛勤劳动的作者们表示衷心的感谢！

　　在本书创作过程中，我们除了采用古代圣贤和近代之前国学名家的大量典籍资料以外，还参考了现当代相关的大量资料，有些作者我们已经进行了联系和沟通，但由于出版时间所限，以及有些作者的信息资料不太详细，截至出版之日，我们仍未能联系上这些作者，还请这些作者多多海涵，并在见到本书后及时与我们联系。

　　联系方式：457735190@qq.com

本书编委会